中文社会科学引文索引（CSSCI）来源集刊

当代会计评论

Contemporary Accounting Review

2018年
第11卷第4辑
（总第24辑）
Volume11 Number4 2018

教育部人文社会科学重点研究基地厦门大学会计发展研究中心 主办
厦门大学管理学院会计学系　厦门大学财务管理与会计研究院 协办

科学出版社
北　京

内 容 简 介

本辑内容主要涉及新经济时代下会计信息相关性的恶化现象及其对策，中国会计研究的国际化进程回顾与改革方向建议，行业学习效应对企业资本结构决策的影响，高管团队异质性、公司业绩与董事长辞职之间的关系，综合报告质量的价值相关性研究，现行财务报表列报及分析体系的缺陷与改进等方面。

本刊以发表原创性文章（研究方法不限）与综述性文章为主，反映学科前沿和应用研究的最新进展，适于从事本学科学术研究的人员阅读，可作为本学科博士生、硕士生教学内容，也适合会计准则制定者和证券监管者参考。

图书在版编目（CIP）数据

当代会计评论. 2018 年. 第 11 卷. 第 4 辑：总第 24 辑 /教育部人文社会科学重点研究基地厦门大学会计发展研究中心主办；厦门大学管理学院会计学系，厦门大学财务管理与会计研究院协办. —北京：科学出版社，2018.12

ISBN 978-7-03-059195-1

Ⅰ. ①当…　Ⅱ. ①教…　②厦…　③厦…　Ⅲ. ①会计学–丛刊　Ⅳ. ①F230–55

中国版本图书馆 CIP 数据核字（2018）第 243061 号

责任编辑：陈会迎 / 责任校对：王丹妮
责任印制：张　伟 / 封面设计：无极书装

科 学 出 版 社 出版
北京东黄城根北街 16 号
邮政编码：100717
http://www.sciencep.com

北京虎彩文化传播有限公司 印刷

科学出版社发行　各地新华书店经销

*

2018 年 12 月第　一　版　开本：787 × 1092　1/16
2018 年 12 月第一次印刷　印张：9 1/4
字数：220 000

定价：76.00 元

（如有印装质量问题，我社负责调换）

当代会计评论　　Contemporary Accounting Review
第11卷第4辑　　Vol.11 No.4
2018年　　2018

目　录

论文

当代会计评论 Contemporary Accounting Review
第11卷第4辑 Vol.11 No.4
2018年 2018

CONTENTS

Articles

当代会计评论 Contemporary Accounting Review
第11卷第4辑 Vol.11 No.4
2018年 2018

旧标尺衡量不了新经济
——论会计信息相关性的恶化与救赎*

黄世忠
（厦门国家会计学院，福建 厦门 361005）

【摘要】 本文分三部分探讨新经济（new economy）时代会计信息相关性日益恶化的现象、原因和对策。第一部分为“江河日下的相关关系”，从决策有用性和受托责任评价的视角，分析会计信息相关性在新经济时代不断下降的事实。第二部分为“视而不见的鸵鸟政策”，指出旧经济时代制定的会计准则到了新经济时代开始出现水土不服，僵化过时的会计规则无视无形投资（intangible investments）的资本支出属性、平台资产的网络效应（network effects）现象、行业地位的经济价值差异、用户聚集的边际成本递减、数字资产的价值创造功能、智慧资本（intellectual capital）的内在经济价值，导致会计信息相关性日益降低。第三部分为“与时俱进的救赎之道”，探索对新经济企业创造价值和保持竞争力至关重要的驱动因素进行确认、计量和披露的路径与方法，以缓解会计相关信息供给不足的问题。

【关键词】 新经济 会计信息相关性 无形投资 网络效应 赢家通吃 边际成本 数字资产 智慧资本

英文维基百科显示，“新经济”一词最早出现在1983年5月30日《时代》杂志刊登的封面文章中，用于解释以重工业为基础的经济向以新技术为基础的经济的转变，由于互联网当时尚未出现，“新经济”一词并非十分流行。1996年12月30日，《商业周刊》刊登了Michael Mandel的*The triumph of the new economy: a powerful payoff form globalization and the info revolution*，此后，新经济这个术语频繁出现。Mandel（1996）在该文中将肇始于经济全球化和信息革命、由科技创新驱动的经济发展模式称为新经济。虽然经济学界对此定义并不完全认同，迄今还未能就新经济的权威定义达成共识，但美国信息技术

* 黄世忠，教授，E-mail：hsz@xnai.edu.cn。本文为厦门国家会计学院“新经济新模式新会计”课题的阶段性成果。

与创新基金会（Information Technology and Innovation Foundation，ITIF）提出的衡量新经济的指标体系，显然有助于我们了解新经济的大致内涵。在The 2017 state new economy index中，ITIF将新经济评价体系分为5类25个指标（ITIF 2017）。第一类为“知识性岗位”，包括IT（information technology，信息技术）专业人士岗位数、管理专业及技术岗位数、员工教育水平、知识性雇员移民数、美国知识性雇员内部迁移数、制造增加值和高薪交易服务数；第二类为“全球化”，包括国外直接投资、制造和服务出口占比、高科技出口量；第三类为“经济动能”，包括业务重构、快速增长企业数、新股发行数、发明专利数；第四类为“数字经济”，包括线上农业、电子政务、宽带通信、健康信息技术；第五类为“创新能力”，包括高新技术岗位、科学家和工程师、专利、工业研发投资、非工业研发投资、清洁能源经济和风险资本。从这些评价指标可以看出，新经济本质上是一种知识经济，是以智力、研发和创意等无形资源为主要驱动因素，依靠信息技术进步和商业模式创新推动经济社会可持续发展的智慧型经济形态。

进入21世纪后，新经济发展迅猛，势不可挡。虽然起步较晚，但得益于庞大的人口基数和市场容量，我国的新经济弯道超车，发展迅猛，异军突起。作为新经济的一部分，我国2017年的数字经济总量为26.7万亿元，占GDP的比重高达32.38%[①]。新经济在为国民经济发展提供新动能的同时，也改变了我们的生活和工作方式，对旧经济产生了巨大冲击。与此形成鲜明对比的是，诞生于旧经济时代的会计规则却因循守旧，依然故我，与新经济格格不入，导致会计信息相关性日益恶化，学界和业界要求改革的呼声日盛。

一、江河日下的相关关系

如果从达·芬奇的数学老师卢卡·帕乔利（Luca Pacioli）1494年系统总结复式簿记算起，会计堪称是一个古老的职业了。这个有着500多年历史的古老职业，历经了工业革命和股份公司的洗礼，得益于信息技术进步的赋能，总体上还焕发着青春活力，依据其不断演进的会计规则提供的会计信息，在产品经济时代为优化资源配置（决策有用）和降低代理成本（受托责任）方面发挥着重要作用，做出了巨大贡献。然而，这个古老职业的会计规则具有重视物质资源、轻视人力资源，关注有形资产、忽略无形资产的鲜明印记，到了无形资产占主导地位[②]的新经济时代开始水土不服，在实现决策有用性和受托责任评价这两个财务报告目标时显得力不从心，最明显的症状莫过于会计信息相关性日益降低。

---

① 数据来源于2018年4月腾讯研究院发布的《中国“互联网+”指数报告（2018）》。2018年4月，工业和信息化部下属的中国信息通信研究院发布的报告显示，2017年我国数字经济规模达27.2万亿元，占GDP的比重达到32.9%。

② 以我国新经济代表企业BAT（Baidu，Alibaba，Tencent，百度、阿里巴巴、腾讯）为例，百度（2018年第三季度末）、阿里巴巴（2018年末）和腾讯（2018年第三季度末）的存货和固定资产等实物资产分别为162亿元、908亿元和387亿元，而商誉和无形资产则分别高达258亿元、3 122亿元和487亿元，后者还不包括品牌价值。2018年BrandZ全球品牌价值100强显示，百度、阿里巴巴和腾讯的品牌价值分别为269亿美元、1 134亿美元和1 790亿美元。

（一）决策有用性视角下会计信息相关性的下降

从决策有用性的角度看，会计信息相关性的下降表现为股票价格与关键财务变量（如报告盈余、权益净值和现金流量）之间的统计关联性持续恶化（Lev 2000）。Lev和Zarowin（1999）的研究表明，反映股票回报与报告盈余相关关系的R^2从1978年的0.115降至1996年的0.037，反映股价变动与报告盈余变动相互关系的盈余反应系数（earnings response coefficient，ERC）也从1978年的0.907降至1996年的0.610；反映股票回报与经营性现金流量相关关系的R^2由1979年的0.074降至1996年的0.036，反映股价变动与现金流量变动相互关系的现金流量反应系数（cash flow response coefficient，CFRC）也从1976年的0.750降至1996年的0.416；按照奥尔森（Ohlson）模型计量的反映股票回报与“报告盈余+权益净值”相关关系的R^2由1977年的0.923降至1996年的0.618。值得注意的是，20世纪90年代是新经济的发端阶段，会计信息相关性在这一时期的快速下降，绝非机缘巧合，而是会计不适症导致新经济的估值理念和评价体系发生了重大变化，基于非会计信息的决策模式日益盛行。2016年，Lev和Gu在其备受瞩目的*The End of Accounting and the Path Forward for Investors and Managers*①一书中，将研究期间拓展至1950~2013年，会计信息相关性的恶化趋势仍然没有改观，会计收益和权益净值对上市公司股票市值的解释能力从1950年的90%降至2013年的50%左右，多重财务指标（包括销售收入、销售成本、销管费用、净利润、总资产和总负债等6个指标）对股票市值的解释能力从1950年的90%降至2016年的50%~60%（Lev and Gu 2016）。

如果这些实证研究结果显得过于抽象，我们不妨看看可以佐证上述结论的两个典型案例。表1列示了旧经济时代的线下零售巨头沃尔玛与新经济时代的线上零售巨头亚马逊和阿里巴巴2014~2017年的相关财务指标，表2列示了GAFATAM（Google，Apple，Facebook，Amazon，Tencent，Alibaba，Microsoft，谷歌、苹果、脸书、亚马逊、腾讯、阿里巴巴、微软）这7家新经济代表性企业账面净资产与股票总市值的差距。

表1　新旧零售巨头的财务指标对比

指标名称	企业名称	2017 年	2016 年	2015 年	2014 年
资产总额/亿美元	沃尔玛*	2 045	1 998	1 996	2 035
	亚马逊	1 313	834	647	545
	阿里巴巴*	1 143	736	566	412
净资产/亿美元	沃尔玛*	808	805	836	859
	亚马逊	277	193	134	107
	阿里巴巴*	696	467	387	254
营业收入/亿美元	沃尔玛*	4 958	4 813	4 786	4 822
	亚马逊	1 313	834	647	545
	阿里巴巴*	399	230	157	123

① 方军雄教授翻译的中译本书名为《会计的没落与复兴》，2018 年 7 月由北京大学出版社出版。

续表

指标名称	企业名称	2017年	2016年	2015年	2014年
净利润/亿美元	沃尔玛*	105	143	151	171
	亚马逊	30	24	6	−2
	阿里巴巴*	98	60	111	39
经营活动的现金净流量/亿美元	沃尔玛*	283	317	274	286
	亚马逊	184	173	119	68
	阿里巴巴*	200	117	88	66
净资产收益率/亿美元	沃尔玛*	14%	18%	19%	21%
	亚马逊	11%	12%	4%	−2%
	阿里巴巴*	17%	15%	33%	17%
股票市值/亿美元	沃尔玛**	2 914	2 040	1 809	2 534
	亚马逊**	5 707	3 659	3 299	1 515
	阿里巴巴**	4 456	2 269	2 100	2 686

* 表示沃尔玛和阿里巴巴的会计年度分别结束于1月31日和3月31日，为了与亚马逊保持可比，将沃尔玛和阿里巴巴的2018年会计年度填列为2017年，其他年份以此类推；** 表示股票市值均为年度最后一个交易日的市值。2018年12月31日，沃尔玛、亚马逊和阿里巴巴的股票市值分别为2 749亿美元、7 330亿美元和3 543亿美元，差距进一步扩大

表2　GAFATAM账面净资产与股票总市值的对比

企业名称	账面净资产*/亿美元	股票总市值*/亿美元	账面净资产占股票总市值比例	市净率
谷歌	1 698	8 212	20.7%	4.84
苹果	1 071	10 783	9.9%	10.07
脸书	803	4 686	17.1%	5.84
亚马逊	391	9 781	4.0%	25.02
腾讯	499	3 930	12.7%	7.88
阿里巴巴	730	4 186	17.4%	5.73
微软	860	8 882	9.7%	10.33
合计	6 052	50 460	12.0%	8.34

* 指截至2018年9月30日

从表1可以看出，2014~2017年，不论从资产规模（资产总额和净资产），还是从经营规模（营业收入和经营活动的现金净流量），或是从经营效益（净利润和净资产收益率）这些传统财务指标看，虽然沃尔玛在大多数年份超过亚马逊和阿里巴巴，但其股票市值却远低于亚马逊和阿里巴巴。所有这些，既说明股票投资决策与传统会计信息的关联度不大，也意味着投资者对上市公司的估值大量利用了非会计信息，而且非会计信息的作用并不逊色于会计信息，甚至超过了会计信息。如果三大财务报表提供的会计信息只能在很低程度上解释不同上市公司股票市值的差异，则会计信息的决策相关性堪忧，会计信息的提供是否符合成本效益原则令人生疑。

表2显示，这7家在全世界具有代表性的新经济企业，其账面净资产只占股票总市值的12%，平均市净率高达8.34倍，表明每8.34美元的市值，就有7.34美元在资产负债表上得不到反映和解释，这从另一个侧面说明会计信息对新经济企业相关性不高的现象。虽然会计信息不是用来计量企业价值的，但至少应成为投资者对企业进行估值的一个基础，

否则，奥尔森模型的依据何在？新经济代表性企业的净资产与股票市值之间存在如此大的差距，难免让我们对会计信息在新经济时代的决策有用性产生怀疑。

（二）受托责任评价视角下会计信息相关性的下降

如果新经济时代会计信息的决策有用性持续衰减，那么会计信息剩下的唯一功效就是受托责任评价了。遗憾的是，在新经济时代，会计信息在这方面的作用也不容乐观。从受托责任评价的角度看，会计信息相关性的恶化主要表现为受托责任评价对会计信息的依赖度不断降低。在旧经济时代，净资产收益率是评价管理层是否有效履行受托责任的最常用指标，因为该指标的分母代表股东将财产托付给管理层的资源投入，分子代表管理层通过经营运作股东托付的财产从而给股东带来的产出。用投入产出比的高低评价管理层是否有效履行对股东的受托责任，是一种比较科学合理的方法。然而，在新经济时代，企业能否生存发展并为股东创造价值，很大程度上取决于它们在人才、研发、用户、品牌、创意等方面的投入。在这种情况下，继续沿用净资产收益率来评价新经济企业管理层的受托责任，只会加剧管理层短视化的机会主义行为，使管理层不愿意从事虽可提升企业核心竞争力和价值创造能力但短期内可能造成严重亏损的资本性支出，新经济企业只好越来越多地诉诸市值管理、风险管理、市场份额、用户数量、行业地位、网络效应、平台价值、模式创新等非会计信息来评价管理层对受托责任的履行情况。

新经济时代，会计信息在评价管理层受托责任方面，其相关性日益恶化的另外一个重要标志是激励机制的设计对会计利润的依赖越来越小，而对股票期权的依赖越来越大。为了更加有效地缓解代理问题，大幅降低代理成本，引导管理层更加积极主动地进行有利于提升企业股票价值的无形投资，股票期权顺理成章地取代了会计利润，成为新经济企业最通行、最有效的激励机制。股票期权的价值高低与企业的股票市值成正比，而股票市值的增长，在很大程度上取决于企业在研发、技术、人才、用户、品牌、创意等方面的成效，而非企业的短期盈利。这或许是很多“亏损”（虚亏实盈）或“微利”（长远暴利）的新经济企业的股票市值大大高于高额盈利的旧经济企业的重要原因①，这也说明新经济企业为何舍得耗费巨资去并购“亏损累累”的其他新经济企业②，因为投资者

① 这方面的例子不胜枚举。例如，已着手准备 IPO（initial public offerings，首次公开募股）的优步（Uber），尽管其 2014~2017 年分别亏损了 7 亿美元、22 亿美元、28 亿美元和 45 亿美元，累计亏损 102 亿美元，但其估值约 700 亿美元，超过美国通用电气公司的市值（2018 年末的市值为 658 亿美元）。又如，推特（Twitter）在 2014~2017 年分别亏损了 5.78 亿美元、5.33 亿美元、4.41 亿美元和 0.95 亿美元，京东 2014~2017 年分别亏损 49.96 亿元、93.88 亿元、20.48 亿元和 0.19 亿元，虽然推特和京东 2018 年均扭亏为盈，第一季度至第三季度的净利润（分别为 2.17 亿美元和 20.77 亿元）还不足以弥补以前年度亏损，但推特和京东 2018 年末的股票市值仍分别高达 201 亿美元和 303 亿美元。同样地，2018 年第一季度至第三季度，BATJ（Baidu，Alibaba，Tencent，JD.com，百度、阿里巴巴、腾讯、京东）的合计净利润只有 1 211 亿元，而中国工商银行、中国农业银行、中国银行、中国建设银行（以下简称工农中建）同期的净利润高达 7 786 亿元，虽然 BATJ 的净利润只有工农中建的 15.56%，但 2018 年末的总市值（5.66 万亿元）比工农中建的总市值（5.48 万亿元）高出 1 800 亿元。

② 在并购方面，脸书 2014 年 2 月耗费 160 亿美元收购了既没有收入也没有利润的 WhatsApp，微软 2016 年 6 月耗费 262 亿美元收购了仍处于亏损的 LinkedIn。以传统的思维，天价收购亏损企业是匪夷所思的，但从新经济的角度看，这两项收购对脸书和微软获取客户资源、拓展商业模式、提升技术水平、实现转型升级是至关重要的，因此投资者还是给予了正面的评价，这从并购消息公布后股价均有所上升而不是大幅下跌就可看出来。

和资本市场十分清楚，这些新经济企业的“亏损”或“微利”是会计规则的不合理、不科学造成的，与企业的基本面无关。

以上分析表明，进入新经济时代后，不论在决策有用性方面，还是在受托责任评价方面，会计信息相关性均呈现快速下降的态势。在这种情况下，新经济企业的会计人员耗费大量资源编制财务报告的目的何在？Govindarajan等（2018a）的调查访谈表明，新经济企业的很多首席财务官（chief financial officer，CFO）认为，按照公认会计准则编制财务报告，特别是资产负债表和利润表，只是法规遵从（regulatory compliance）要求的一种摆设，耗费在财务报告编制和审计的资源纯属浪费，会计已不再被认为具有价值创造功能，原因在于这种财务报告不能反映新经济企业创造价值和保持核心竞争力的驱动因素。

二、视而不见的鸵鸟政策

从制度框架上看，新经济时代下会计信息对投资决策和受托责任评价的相关性之所以日益恶化，是因为现行的会计准则大多是在旧经济时代制定的，到了新经济时代不适症开始显现。根据这些会计准则编制的财务报告具有“吃硬不吃软”的特性，对于反映以实物资产等硬资产（hard assets）为主体、采用“单打独斗”商业模式的旧经济企业的财务状况、经营业绩和现金流量游刃有余、颇受认可，但用于反映以智慧资产（intelligent assets）等软资产（soft assets）为核心、采用“资源整合”商业模式的新经济企业则显得力不从心、疲态毕露。具体地说，新经济时代会计信息相关性急剧下降，主要是会计准则制定机构缺乏与时俱进精神，对新生事物采取鸵鸟政策，坚守因循守旧的确认、计量和报告标准，导致财务报告选择性失明，对新经济企业价值创造的关键驱动因素视而不见，主要表现在以下六个方面。

（一）无视无形投资的资本支出属性

新经济企业的价值创造和竞争力的提升，主要不是依靠股东投入的财务资源，而是依靠知识资源、信息技术和商业模式创新。为此，新经济企业将大量资源投放在研发、创意设计、人才培养、专利申请、网络更新、客户获取、市场开拓、品牌维护、数据库建设、业务流程再造等无形投资方面。美国的无形投资占非农增加值的比重日益上升，且已经超过机器设备等有形投资（Corrado and Hulton 2010），如图1所示。

Haskel和Westlake在*Capitalism Without Capital：The Rise of the Intangible Economy*一书中也指出欧美的无形投资占GDP的比重已经超过有形投资的现象，如图2所示。

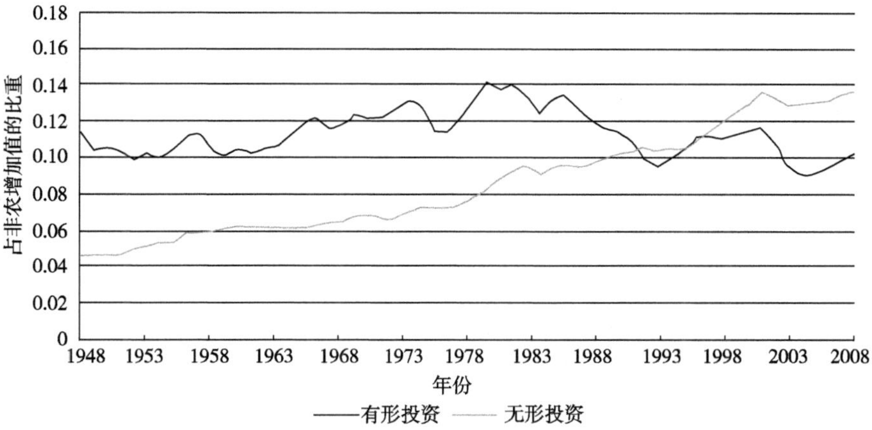

图1 1948~2008年美国无形投资与有形投资占非农增加值的比重

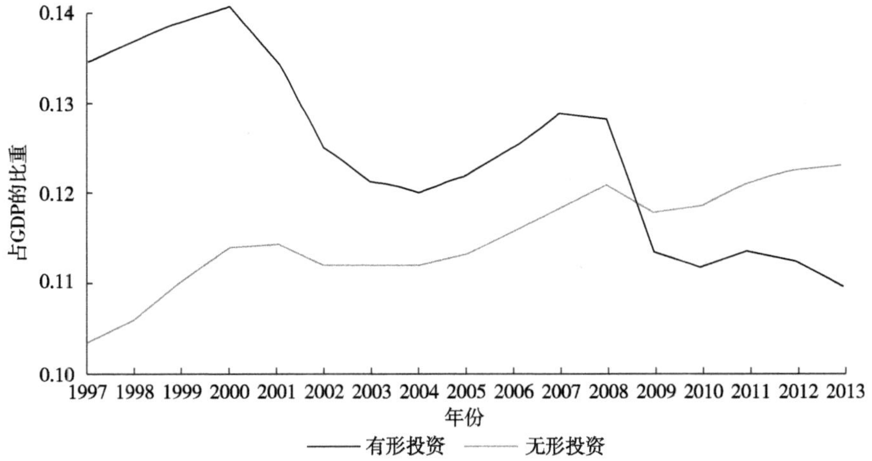

图2 欧美无形投资和有形投资占GDP的比重

国家包括奥地利、捷克、丹麦、芬兰、法国、德国、意大利、荷兰、西班牙、瑞典、英国和美国

Haskel和Westlake（2018）还指出，无形投资具有扩展性（scalability）、沉落性（sunkenness）、外溢性（spillovers）和协同性（synergies）等特点。扩展性指无形投资形成的资产可以同时在众多地点被反复使用而不会降低其效用；沉落性指无形投资决策一旦做出便不可更改，因为其形成的资产通常难以出售；外溢性指无形投资形成的效益往往惠及投资企业之外的其他相关方；协同性指无形投资得益于企业之间创意和研发的共享。正因为具有“4S”特点，无形投资显著区别于有形投资。

无形投资是新经济企业提升价值创造能力和核心竞争力的最重要方式，为资本市场所认可并对股票市值产生积极影响。无形投资本质上具有明显的资本性支出属性，本应予以资本化，但现行会计准则的规定过于迂腐，认为这些无形投资能否带来未来经济利益存在诸多不确定性，因而要求企业将其费用化。其结果是，无形投资越大的新经济企业，报表上体现的利润越少，甚至亏损。将无形投资费用化，造成的不良后果是资产负债表和利润表双双失实，导致新经济企业的财务图像与经营实绩严重脱节，甚至相互矛盾。

在资产负债表方面，将无形投资按费用化而不是资本化的方式进行会计处理，会导致对企业未来发展和价值创造至关重要的大量智慧型无形资产游离于资产负债表之外，新经济企业的财务实力会被严重低估。2008~2017年华为研发支出高达3 940亿元，形成了74 307件技术专利，为其成为世界上最具竞争力的电信设备制造商奠定了坚实的技术基础，但其2017年末资产负债表上反映的无形资产余额只有49.89亿元，足见华为资产负债表的虚化问题有多严重。资产负债表虚化，或许是新经济企业市净率居高不下的重要原因，也在一定程度上说明为何高额商誉总是与新经济企业的并购相伴而生。资产负债表虚化带来的另外一个意想不到的经济后果是加剧了中小型高科技企业的融资难、融资贵，因为我国商业银行对中小型企业的贷款决策在很大程度上依赖于资产抵押和信用担保，其结果是，银行错失了与这些企业共成长的机会，造成资源错配，将大量贷款投放给虽然传统没落但握有大量实物资产的旧经济企业，而不是将有限的信贷资源用于扶持资产负债表内实物资产匮乏，但资产负债表外无形资产富足的新经济企业。

在利润表方面，将无形投资费用化，导致收入与费用配比失当，严重扭曲了新经济企业的经营绩效。众所周知，无形投资的成本效益在时间分布上是不对称的，成本呈现前高后低，而效益则呈现前低后高的态势。无形投资费用化的会计处理方式，进一步加剧了这种不对称，使收入与费用的配比变得毫无意义。在投入期，伴随着费用的大量产生，企业是没有收入或只有少量收入的，此时，新经济企业利润表体现的是累累亏损，而在收益期，伴随着收入的急剧增长，企业是有少量费用或没有费用的，此时，新经济企业利润表体现的是高额暴利。其结果是，不论是投入期，还是收益期，利润表从来没有正确过，表达的都是扭曲事实的错误信息。面对这种令人啼笑皆非的局面，投资者只好选择忽略会计盈利信息，这在一定程度上解释了为何新经济企业普遍存在着股票市值与会计盈利严重背离的现象。此外，新经济企业越来越热衷于披露非公认会计原则业绩指标（non-GAAP[①] measures），显然与基于公认会计原则的利润表不能如实反映其经营绩效不无关系。

（二）无视平台资产的网络效应现象

网络效应又称网络外部性（network externalities），是以色列经济学家Shy在*The Economics of Network Industries*一书中提出的，指每个消费者的效用随着购买相同或兼容产品的消费者数量的增加而增加（Shy 2004）。虽然网络效应早在旧经济时代就已存在，但在新经济时代更加明显，信息技术产业尤甚。得益于风险资本和创业资本的加持、引导和激励，新经济企业更加注重技术发明和模式创新，更加愿意进行大手笔的无形投资，最终促使信息技术加速迭代，商业模式不断创新，从而形成了独特的网络效应，即平台资产的价值随着越来越多用户的频繁使用而增加。

---

① GAAP：Generally Accepted Accounting Principles，一般公认会计原则。

以优步和滴滴等网约车平台为例，越多的用户和司机使用网约车平台，或者用户和司机越频繁地使用网约车平台，就越会为网约车平台汇集旺盛的人气，带来丰富的数据，从而使网约车平台经营者能够利用大数据技术以更加便捷、高效和经济的方式，为司乘人员提供更好的载客和乘车体验。在这种情况下，网约车平台对优步和滴滴等经营者的价值就越大。网络效应对社交平台和网购平台同样适用。对脸书、推特和腾讯等社交平台而言，随着越来越多的用户使用社交平台，或者用户使用社交平台越来越频繁，社交平台对现有使用者就越方便、越有吸引力，内容提供商和服务提供商就越愿意委托社交平台经营者提供广告、游戏等服务，社交平台的增值潜力也就越大。对于亚马逊、阿里巴巴和京东等网购平台而言，随着越来越多的消费者、商家和厂商使用网购平台，现有使用者的买卖交易就越发方便、高效和经济，这反过来又促使他们更多地使用网购平台，形成良性循环，网购平台对于自营型和平台型电商的价值当然也因此不断提升。

平台资产的网络效应有目共睹，但现行会计系统对此熟视无睹、不闻不问。笔者查阅了经营网约车平台、社交平台、网购平台的代表性上市公司的季报和年报，发现平台资产的网络效应主要是通过“管理层讨论与分析”（management discussion and analysis，MD&A）披露用户数及其增减变动①的方式间接反映的，但平台资产的用户数显然不能等同于网络效应。在财务报告部分，平台资产的网络效应价值却只字未提。

平台资产的网络效应因为难以可靠计量而不在会计上确认，这极大低估了平台型企业的资产价值。雪上加霜的是，按照现行会计准则的规定，新经济企业不仅不得确认平台资产的网络效应，还必须对平台资产计提折旧或摊销。这种处理方式似乎蕴含着平台资产没有正向网络效应只有负向网络效应的会计逻辑。这种会计逻辑与经济学家早已证明的平台资产的网络效应背道而驰，秉承这种会计逻辑并延续现行做法，将会导致会计信息相关性进一步恶化。

（三）无视行业地位的经济价值差异

赢家通吃（winner-takes-all）效应是新经济的一个显著特征，在一定程度上源自无形投资的扩展性。赢家通吃效应，通俗地说就是“数一数二，不三不四”。在经济时代，很多行业的市场份额都被“老大”吃掉了，只留一些残羹剩饭给“老二”，至于“老三”“老四”，消费者或用户根本不屑一顾②。表3展示的是中美社交平台行业的赢家通吃现象，有力地说明了这一现象。

---

① 2019年1月30日，脸书公布的2018年第四季度业绩报告显示，其截至2018年末的日活跃用户为15.2亿人，比2017年末增长9%。腾讯截至2018年第三季度末的月活跃用户为8.026亿人，同比下降4.8%，微信月活跃用户10.825亿人，同比增长10.5%。淘宝截至2018年末的月活跃用户6.99亿人，比2018年9月30日增长了3 000万人。

② 新经济时代的赢家通吃现象比旧经济时代更加突出，因为用户在新经济时代的转换成本几乎为零，而旧经济时代下转换成本却十分高昂。例如，用户原来使用克莱斯勒公司的汽车，若改用通用汽车公司的汽车，就要付出不菲的代价，而推特用户要改用脸书却轻而易举，为此付出的成本微不足道。

表3 中美社交平台行业的赢家通吃现象

项目	美国社交平台		中国社交平台	
	脸书	推特	腾讯	微博
日活跃用户/亿人	15.20	4.66	10.83	4.66
营业收入/亿美元	558.38	30.42	331.63	12.37
净利润/亿美元	221.12	12.06	82.84	4.06
股票市值/亿美元	4 790.00	256.00	4 200.00	136.00

从表3可以得出，截至2018年底，美国社交平台的行业“老大”——脸书的日活跃用户量是行业“老二”——推特的3.26倍，其2018年度的营业收入是推特的18.36倍，净利润是推特的18.33倍，股票市值是推特的18.71倍。同样地，我国社交平台的“老大”与“老二”也相去甚远，腾讯的日活跃用户、营业收入、净利润和股票市值分别是微博的2.32倍、26.81倍、20.40倍和30.88倍。

赢家通吃效应既与网络效应有关，也与自媒体时代口口相传的“注意力经济”有关，品牌、口碑、人气、体验是新经济企业实现赢家通吃的制胜法宝。因此，通过获取客户和维护客户、提高客户的黏性和体验，对于提高新经济企业的行业地位，从而提高其核心竞争力和价值创造能力至关重要。

行业地位不仅意味着新经济企业能否实现赢家通吃，而且决定着它们能否实现“规模收益递增”（increasing returns to scale）①。众所周知，经济学有一个著名的规模收益递增定律，指的是某一产品、服务、企业或行业的净收益增长速度超过生产规模扩张速度的现象。虽然规模收益递增定律早在旧经济时代就已存在，但在新经济时代更为明显，自媒体和互联网行业尤甚。这主要是因为新经济企业尤其是龙头企业，更加注重商业模式创新，更愿意在品牌营销和客户获取方面进行大手笔投资，更加在乎客户体验和客户维护。

行业地位高低还关系到新经济企业的估值高低。国泰君安证券股份有限公司（以下简称国泰君安）以梅特卡夫定律为基础，提出了对互联网的估值模型：$V=K\times P\times(N^2\div R^2)$，其中，$V$代表价值；$K$代表变现系数；$P$代表行业地位的溢价率系数（premium for industry positioning），行业排名越靠前的，溢价率系数就越高；N代表网络的用户数量；R代表网络节点距离。表3所显示的脸书与推特、腾讯与微博之间的巨大市值差异足以说明行业地位对估值的影响。可见，在新经济时代，企业在行业中的市场地位在很大程度上决定着其经济价值的大小。国泰君安的估值模型直面赢家通吃现象，将龙头企业对用户产生“虹吸效应”的价值直接量化，表明估值理论和方法的与时俱进，这是值得肯定的。

与证券业与时俱进的做法形成鲜明对比的是，会计界依然故我，对行业地位差异产生的赢家通吃效应、规模收益递增和股票市值差异等现象视而不见，在新经济企业的财

① Govindarajan 等（2018a）于 2018 年 2 月在《哈佛商业评论》发表的 *Why financial statements don't work for digital companies* 一文中也指出，忽视数字公司的规模收益递增是财务报表丧失相关性的一个重要原因。

务报告中得不到任何反映。既然证券业已经寻找出对行业地位经济价值差异的计量方法，会计界再以这种计量具有不确定性为由将其排斥在财务报告之外，就显得不合时宜了。如果会计界拒不接受新观念、新事物、新方法，会计信息相关性还将进一步恶化。

（四）无视用户聚集的边际成本递减

“流量为王”是新经济代表性企业的一个成功秘籍。“流量为王”有两层含义，一是网络平台拥有的海量用户成为其与内容提供商、服务提供商进行讨价还价的强有力筹码，二是网络平台拥有的海量用户聚集引发量变到质变，促使边际成本呈递减状态，甚至出现零边际成本效应（Rifkin 2014），如图3所示。

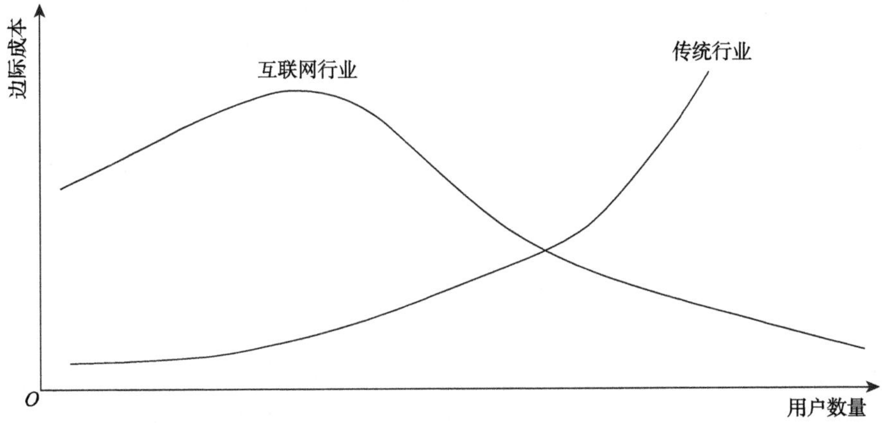

图3　互联网行业与传统行业的边际成本曲线

资料来源：Rifkin（2014）

“流量为王”对新经济企业的最大价值在于，其边际成本随用户数量的增加呈现不断下降的趋势，当用户数量足够大，边际成本就会向零逼近直至等于零。用户聚集带来边际成本递减效应，是Rifkin（2014）在*The Zero Marginal Cost Society：The Internet of Things，the Collaborative Commons，and the Eclipse of Capitalism*一书中所揭示的互联网时代的一个定律。以零边际成本进行竞争，就可以所向披靡、无往不胜。蚂蚁金融服务集团（以下简称蚂蚁金服）之所以让传统的商业银行如芒在背，是因为它基于网络化的商业模式有别于传统的商业银行，一旦它完成信息网络的建设，无须任何实体营业网点就可以为用户提供便捷高效的金融服务，这意味着它每新增一笔存款、贷款、结算、理财、保险的边际成本均等于零，而传统的商业银行却必须布设成千上万的营业网点、配备价格不菲的IT设备、雇用数以万计的工作人员，每新增一笔金融业务都会产生十分昂贵的边际成本。

此外，零边际成本还可以成为新经济企业开拓过去长期被忽略的长尾市场（long tail market）的利器。长尾市场依据的是美国《连线》杂志主编Chris Anderson在2004年提出的长尾理论，如图4所示。

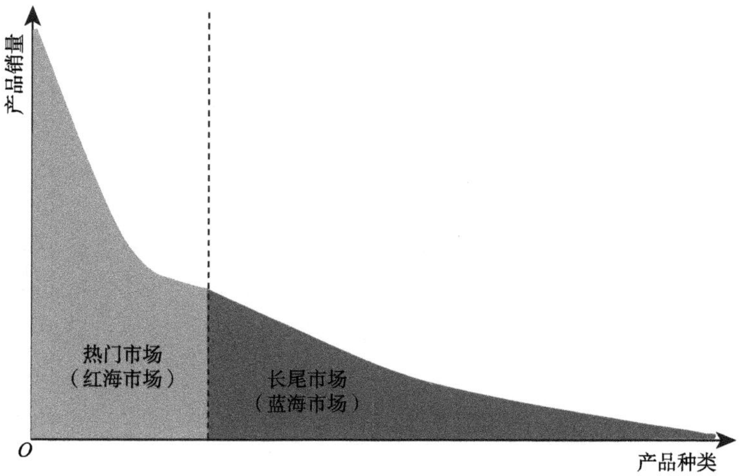

图4 长尾理论示意图

长尾理论的核心要义是，商业和文化的未来不在于传统需求曲线头部的热门市场，而在于需求曲线中那条无穷无尽的尾巴——小众市场。备受消费者追捧的热门市场往往是竞争激烈的"红海市场"，而受到消费者冷落的小众市场通常是波澜不惊的"蓝海市场"。过去小众市场无人问津，是因为企业发现服务小众市场的客户代价高昂，得不偿失。但到了新经济时代，一些企业特别是龙头企业因为用户聚集效应，边际成本降至零，此时，以零边际成本服务小众市场的客户就成为一本万利的生意，因为不论细分市场有多小众，以及长尾客户购买的产品或服务量有多少，对于零边际成本的新经济企业都是有利可图的，不考虑税收因素，当边际成本为零时，增加一分钱的收入就是增加一分钱的利润。

通过无形投资聚集海量用户所形成的边际成本递减效应，既是新经济企业（特别是龙头企业）赚取超额利润的动因，也是它们获取竞争优势的源泉。可惜的是，现行会计体系对用户聚集的边际成本递减效应视而不见，零边际成本这些新经济时代最显著的特征在财务报告中也得不到任何反映。既然财务报告无法提供这些对价值创造和竞争力至关重要的信息，投资者别无他法，唯有选择忽略会计信息。这也是会计信息相关性在新经济时代不断降低的另外一个重要原因。

（五）无视数字资产的价值创造功能

"平台是金"是新经济代表性企业的另一个成功秘籍。"平台是金"是指网络平台可以汇集用户流、信息流、资金流①和物流等新经济时代最有价值的资源，并对这些资

---

① 我国的BAT和美国的AGM（Apple，Google，Microsoft，苹果、谷歌、微软）就是典型例子。2018年9月30日，BAT的现金性资产（现金及现金等价物加上变现能力强的金融资产）分别为1 851亿元、4 088亿元和3 812亿元，占资产总额的比例分别为67%、50%和55%。同日，AGM的现金性资产分别为2 450亿美元、1 190亿美元和1 305亿美元，占资产总额的比例分别为66%、54%和50%。BAT和AGM的现金性资产之所以如此之多，是因为它们都是平台型企业，而平台型企业的资金汇集功能是十分强大的。以BAT为例，客户想在百度上做广告，就必须预付广告费，现金就流入百度账户中；网商要在淘宝和天猫上开店，就要支付押金、保证金和铺底结算资金，现金就流入阿里巴巴账户中；用户要在微信上玩游戏，就要充值，现金就流入腾讯账户中。此外，支付宝和微信钱包也为阿里巴巴和腾讯吸附了大量现金。

源加以开发利用，就可以衍生出无限商机，获取丰厚回报。在平台汇集的这些资源中，对于新经济企业最具价值的是用户流和信息流所带来的“数字资产”（digital asset）。在数字经济时代，数字资产是新经济企业最宝贵的核心资源。

从本质上说，BAT经营的对象就是数字资产，它们最重要的资源也是数字资产。从表象上看，BAT主要是通过提供广告服务、交易撮合、网络游戏获取收益的，但从实质上看，BAT是通过大数据、云技术、人工智能等信息技术作用于数字资产创造价值的。当我们作为用户日复一日地在百度搜索时，就会在百度的信息平台上留下IP（Internet protocol，网络之间互连的协议）地址和关键词等海量的电子数据，百度就可以通过这些数据为我们建立电子数据档案，利用算法推算出我们的偏好和需求，并据此为其客户的产品或服务提供精准营销。当我们作为用户或网商频繁地通过淘宝和天猫网购和网售时，就会在阿里巴巴的信息平台上留下我们的消费需求、品牌偏好、价格敏感度、资信状况、产品质量等一系列数据，阿里巴巴据此就可以为用户和商家建立一个价值连城的电子数据档案，借助大数据分析，阿里巴巴就可以通过这些数据破解供需双方的信息不对称问题，再通过支付宝这一第三方支付“神器”破解陌生人之间的相互信任问题，进行交易撮合，并按商品销售总额的一定比例向出售方收取推介费、服务费和管理费。当我们作为用户通过微信或腾讯QQ进行社交时，就会在腾讯的信息平台留下我们的交友偏好、推文偏好、点赞偏好、游戏偏好、阅读偏好等海量数据，腾讯就可以为我们建立电子数据档案，并借助大数据分析，与内容和服务提供商合作，为我们提供游戏、广告等增值服务。

当数字资产与生态战略相结合，其价值效用可以呈几何级数增长。在这方面，阿里巴巴提供了一个典型的事例。2014年上市以来，阿里巴巴利用其雄厚的资本实力不断进行并购，借助其尖端的信息资源优势，以方便快捷的支付宝作为牵引，致力于打造一张生态网，试图把所有用户都网罗到这张无所不在的“天网”之中，让用户的衣食住行，甚至生老病死都离不开它。数字资产在阿里巴巴的生态网构建中发挥着“一鱼多吃”的功效。阿里巴巴掌握的近七亿名活跃买家和成千上万家商家的数据，除了可用于交易撮合赚取高额利润外，通过与制药厂商、医院和物流公司的合作，这些数据还可用于开网上药店，以更加便捷、经济的方式为活跃买家、患者和制药厂商提供网上药品买卖。更重要的是，这些数据还可用于拓展互联网金融服务，助推蚂蚁金服以接近于零边际成本的方式蚕食传统金融机构的市场份额。蚂蚁金服虽然还没有上市，但2018年5月最新一轮的融资估值高达1 450亿美元。估值如此之高，除了投资者看好其零边际成本优势外，还有一个重要的原因是，阿里巴巴可以与其共享数字资产、为其提供无所不在的商业场景。

在大数据时代，数字资产是很多新经济企业的核心经济资源，数字资产已成为新经济企业开拓市场、降低成本、获取竞争优势、赚取高额利润的无形资产，其价值效用远远超过实物资产。面对这一毋庸置疑的事实，会计界再次选择视而不见的鸵鸟政策，把数字资产掩埋在注重细枝末节的会计信息这片漫漫黄沙中。对于依赖数字资产创造价值的新经济企业而言，如果数字资产这一核心资源在财务报表上得不到反映，而其他无关紧要的资产却事无巨细地被加以反映，那么其所编制的财务报告只能是“捡了芝麻，丢了西瓜”。指望这种主次不分的财务报告提供相关的会计信息，显然是不切实际的。

（六）无视智慧资本的内在经济价值

从经济学的角度看，提高资源（很大程度上表现为财务资本）配置效率是会计信息的一大功能，这实际上蕴含着财务资本稀缺性的假设。财务资本稀缺的理念在会计界如此根深蒂固，以致我们都忘了还有比财务资本更稀缺的资源。知识密集和信息导向是新经济最为鲜明的特征，诚如管理大师彼得·德鲁克（Druck 1999）所指出的，新经济的主要职能是“知识和信息的生产与分配，而不再是物质的生产与分配”。与传统企业在价值创造过程中高度依赖于规模经济、物质资源和财务资本不同，新经济企业的价值创造主要依靠人才资源获取、信息技术创新和智慧资本积累驱动。人力资源才是新经济企业最宝贵的资源，智慧资本比财务资本更加稀缺。

在*Intellectual Capital：The New Wealth of Organizations*一书中，Stewart（1998）将智慧资本定义为“个人与团队能够为其组织带来竞争优势的一切知识和能力的总和”。虽然学术界和实务界尚未就智慧资本的内涵达成共识，但其普遍认为智慧资本至少包含人力资本（human capital）、结构资本（structural capital）和关系资本（relational capital）。在新经济时代，价值创造可视为在特定结构资本（包括组织结构、规章制度和业务流程等制度安排）框架下，企业将人力资本（员工的专业知识、创新能力、工作经验、团队合作、管理水平等）作用于关系资本（客户关系、供应商关系、政商关系、劳资关系等）而产生的经济价值增值行为。人力资本的范畴小于智慧资本，但其无疑是智慧资本的关键要素，在价值创造中居于核心地位，因为制度安排和各种关系的建立都离不开人力资本的作用力。

正是承认新经济时代智慧资本在价值创造过程中的作用不逊色于财务资本，甚至超过财务资本，让智慧资本分享企业创造的价值越来越普遍，使得通过优厚的工资福利和股票期权的方式让智慧资本提供者（员工）与财务资本提供者（股东）共同分享价值创造成果的激励机制在新经济企业日益盛行。例如，思科系统公司（以下简称思科）2017年的年报显示，其CEO（chief executive officer，首席执行官）和其他高管团队的薪酬结构分别为：基本薪酬7%和10%、现金性奖励15%和10%、年资绩效权益奖励20%和24%、业绩权益奖励58%和56%。表4列示了2017年华为与其主要竞争对手为社会创造的价值总量（收入减去除工资福利、利息费用和税收费用外的其他所有成本费用）及其分配情况。从表4中可以看出，剔除亏损导致工资福利占比超过100%的爱立信和诺基亚后，华为在价值分配中最善待员工，为社会创造的每100元价值中，有接近70%分配给员工，而这还不包括员工通过持股计划可以分享的利润。可见，尊重知识、尊重人才、以人为本是华为能够在营运商业务、消费者业务和企业业务的激烈竞争中立于不败之地的根本原因。

表4 华为及其竞争对手价值创造及其分配

<table>
<tr><th rowspan="2">2017 会计年度</th><th colspan="2">价值创造</th><th colspan="4">价值分配</th></tr>
<tr><th>营销收入</th><th>成本费用</th><th>工资福利</th><th>利息费用</th><th>税收费用*</th><th>税后利润</th></tr>
<tr><td rowspan="2">华为/亿元</td><td>6 036</td><td>4 022</td><td>1 403</td><td>49</td><td>87</td><td>475</td></tr>
<tr><td colspan="2">2 014</td><td>69.7%</td><td>2.4%</td><td>4.3%</td><td>23.6%</td></tr>
<tr><td rowspan="2">爱立信/亿克朗</td><td>2 013</td><td>1 548</td><td>765</td><td>8</td><td>43</td><td>−351</td></tr>
<tr><td colspan="2">465</td><td>164.5%</td><td>1.7%</td><td>9.2%</td><td>−75.4%</td></tr>
<tr><td rowspan="2">诺基亚/亿欧元</td><td>231</td><td>154</td><td>78</td><td>5</td><td>9</td><td>−15</td></tr>
<tr><td colspan="2">77</td><td>101.3%</td><td>6.5%</td><td>11.7%</td><td>−19.5%</td></tr>
<tr><td rowspan="2">思科/亿美元</td><td>480</td><td>275</td><td>73</td><td>9</td><td>27</td><td>96</td></tr>
<tr><td colspan="2">205</td><td>35.6%</td><td>4.4%</td><td>13.2%</td><td>46.8%</td></tr>
<tr><td rowspan="2">苹果/亿美元</td><td>2 292</td><td>1 476</td><td>152**</td><td>23</td><td>157</td><td>484</td></tr>
<tr><td colspan="2">816</td><td>18.7%</td><td>2.8%</td><td>19.2%</td><td>59.3%</td></tr>
<tr><td rowspan="2">三星/亿美元</td><td>2 118</td><td>1 336</td><td>206</td><td>79</td><td>124</td><td>373</td></tr>
<tr><td colspan="2">782</td><td>26.3%</td><td>10.1%</td><td>15.9%</td><td>47.7%</td></tr>
</table>

*表示税收费用只包括所得税费用，不包括属于价外税的增值税；**表示苹果没有披露员工费用，该数据根据猎头公司Glassdoor提供的苹果平均薪酬水平和苹果年报披露的雇员数推算，不含股票期权费用

资料来源：公司年报

上述六家新经济公司2017年末的股东权益总额分别为5 052亿元、1 002亿克朗、162亿欧元、661亿美元、1 340亿美元、1 896亿美元，按6%的资本成本测算，加上利息费用，由股东和债权人提供的财务资本成本分别为353亿元、68亿克朗、15亿欧元、49亿美元、103亿美元和193亿美元，无一例外地均低于其智慧资本成本（工资福利）。从相对数看，财务资本成本和智慧资本成本占销售收入的比例分别为：华为5.8%和23.2%、爱立信3.4%和38.0%、诺基亚6.5%和33.8%、思科10.2%与15.2%、苹果4.5%和6.6%、三星9.1%和9.7%，财务资本成本的占比均低于智慧资本成本。所有这些都从另一个角度证明了智慧资本才是新经济企业最重要的生产要素。值得说明的是，工资福利充其量只能近似地代表智慧资本的当期使用成本，与智慧资本的价值不能等量齐观。

智慧资本能够为企业创造经济利益，新经济企业虽然不能拥有人力资本，但通过雇佣合同和其他禁止性规定，完全可以控制人力资本，至于结构资本和关系资本，新经济企业不仅能够控制，甚至可以拥有。这些特点说明智慧资本完全符合资产要素的定义，理应被确认为新经济企业的无形资产，但会计界以智慧资本难以可靠计量为由，将智慧资本的内在经济价值确认排除在财务报告之外，只反映智慧资本的使用成本，这也是导致会计信息相关性下降的一个重要原因。

三、与时俱进的救赎之道

辩证地看，会计信息相关性持续恶化也不见得都是坏事，可能会倒逼会计改革。会

计界应当秉承与时俱进的精神，正视会计相关信息供给不足的问题，果敢变革确认、计量和报告规则，才能凤凰涅槃，浴火重生，才不会在新经济时代因投资者大量使用竞争性信息而被边缘化。笔者认为，关键是要树立开放性思维，汲取新经济时代的新思想、新理念、新方法，改革过时的确认、计量和报告规则，以表内确认和表外披露相结合的方式，千方百计地将新经济企业创造价值的驱动因素纳入财务报告范畴之内。唯有如此，才能从根本上扭转会计信息相关性不断下降的趋势，会计才有望得到救赎。

在借鉴国内外相关文献的研究成果基础上，以下从确认、计量和披露的角度，探讨有助于在新经济时代提高会计信息相关性的路径和方法。

（一）完善确认标准，反映无形投资

现行会计体系之所以将新经济的很多价值驱动因素（value drivers）排除在财务报告之外，一是因为会计界对不确定性采取过度保守的风险偏好（risk appetite）态度，在确认中过分强调会计要素的可靠计量，二是因为会计界过分强调会计信息的可验证性，在确认中存在明显的重交易（transaction）、轻事项（event）倾向①。

1. 改变过度保守的风险偏好，强调资产的经济利益元素

诺贝尔经济学奖获得者Milton Friedman曾说过，唯一能够使经济学家普遍接受的理论是，资产的价值由其预期的经济利益所决定。会计界对资产这一最重要会计要素的定义，也是以此理论为基础的。财务报告概念框架过去对资产的定义是：资产是主体因为过去交易和事项而拥有或控制的预期能够带来未来经济利益的资源。但在实务中，由于会计界秉承过度保守的风险偏好，不仅在资产定义中明确提出了不确定性要求（预期能够），而且要求以未来经济利益能够可靠计量作为资产的确认标准，导致对新经济价值创造至关重要但存在较大不确定性的无形投资等创新性资源（innovative resources）采用费用化而不是资本化的方式进行处理，加剧了资产负债表虚化现象。

创新是新经济的鲜明特征，风险与创新相伴而生。对于风险，会计界往往选择最小化的风险偏好。殊不知，企业经营的就是风险，且风险与回报对应，最小化的风险偏好显然与企业精神背道而驰。根据期权理论（option theory），风险同时也是机遇，期权的价值与其风险呈正相关关系。从期权理论的角度看，投入资金从事研发，相当于企业买入一项看涨期权（call option），如果研发成功，这项看涨期权的收益将远超其成本。如果从单个项目看，研发似乎风险颇高，但如果从组合角度看，研发风险就要小得多，否则，就难以解释为何很多新经济企业年复一年地将相当大比例的营业收入投入研发活动。上述分析说明，进入新经济时代，会计界必须改变风险偏好，树立中性的风险偏好，再也不能以未来经济利益不能可靠计量为由，将包括研发在内的无形投资排除在资产负债表之外。

---

① 虽然FASB（Financial Accounting Standards Board，财务会计准则委员会）在第6号财务会计概念公告中认为交易、事项和情况都应当予以确认，但在实际会计工作中，交易的确认往往更受重视，也比事项的确认更全面、更及时。例如，与客户签订一个重要合同属于重要事项，一般作为待执行合同不予确认，而对于金额再小的购销交易，也都予以确认。

与此相对应的改进路径是，将不确定性置于计量环节，而不是置于确认环节。确认环节只需解决“有无”的问题，而不应纠缠于“多少”的问题。这恰恰是财务报告最新概念框架的做法。国际会计准则理事会（International Accounting Standards Board，IASB）在*Conceptual framework for financial reporting*中将资产定义为“主体因为过去事项而控制的现时经济资源，经济资源是具有产生经济利益潜力的权利”（IASB 2018）①。IASB给资产下的新定义值得肯定，新的资产定义删除了经济利益的不确定性表述，扭转了会计界过分保守的风险偏好，不再将不确定性置于确认环节。此外，IASB在新的概念框架中，不再将能够可靠计量作为确认标准，仅将相关性和如实反映作为新的确认标准。虽然没有证据表明IASB此举是出于对新经济的考虑，但新的资产定义显然有助于新经济企业对无形投资等创新性资源进行会计确认，因为这些创新性资源完全符合新的资产定义。

2. 直面投资决策的影响因素，采用内外一致的确认方式

现行会计体系对于交易和事项采用不对称的反映方式，交易重于事项。这里的交易指的是基于法律的市场交易，如购销、投资、借贷等涉及产权交换（exchange of property rights）的交易活动，事项是指任何对价值创造和竞争力产生影响的未涉及产权交换的内外部事件②。基于交易的会计确认，具有明显的监管导向（满足法规遵从要求），优点是具有客观性和可验证性，缺点是在反映价值创造和竞争力的驱动因素方面具有严重的时滞性。反映事项对估值产生影响的会计确认，具有明显的价值导向（满足价值发现要求），优点是能够迅速反映价值创造和竞争力的驱动因素，缺点是不够客观且难以验证。两种确认基础各有利弊，不可偏废。现行会计体系过于重视对交易的反映，而对事项的反映不够重视，不仅导致会计信息相关性日益降低，而且导致会计处理逻辑性愈发混乱。例如，外购商誉往往被确认为资产，而自创商誉则不得被确认，外购技术通常被资本化，而自创技术却被费用化。

新经济时代，摩尔定律无所不在，信息技术迭代加速，市场监管多方博弈，政策环境变幻无常，企业价值备受内外部事项的影响。新经济企业的新技术、新产品成功通过β测试③、获得新的技术专利、结盟新的商业关系、获取新的客户资源等内部事项，虽然不是以交易的形式出现的，且其转换为经济利益尚待时日，但这些事项的信息发布会迅速对新经济企业的股票价格产生影响。同样地，对网上支付资质、网络游戏许可、网约

---

① 新的资产定义删除了过去定义中的“拥有”，只保留了“控制”，尽管这是一个进步，却是一个有限的进步。因为在共享经济中，能够带来未来经济利益的经济资源，甚至可以不需要由企业控制。优步和滴滴能够调度的汽车和驾驶员，以及空中食宿（Airbnb）能动用的房间，都不是由它们控制的，而是基于一种联盟关系的约定。笔者认为，将定义中的“控制”改为“形成”更加合理。

② 本文关于事项的定义，在本质上与FASB对事项的定义相一致，FASB在第6号财务会计概念公告第135段将事项定义为对主体产生后果的事项（a happening of consequence to an entity），但本文所指的事项是狭义的概念，内涵不如FASB宽泛。FASB所指的事项，是一个广义的概念，包括主体与其他主体的交易，本文的事项不包括主体与其他主体的交易。笔者认为，FASB将transaction（交易）、event（事项）和circumstance（情况）作为并列关系，事项又包括交易，逻辑上并不严谨。

③ β测试是一种验收测试，是指软件产品完成功能测试和系统测试之后，在产品发布前进行的软件测试活动，一旦通过β测试，软件产品即可进入发布阶段。

平台责任加强或放松监管等外部事项，也会极大地影响新经济企业的股票价格。因此，直面投资决策的影响因素，更多地确认这些事项，特别是内部事项的会计影响，在财务报告中反映无形投资等创新性资源，对于提高会计信息相关性大有裨益。

从会计处理的角度看，无形投资等创新性资源的确认并不复杂，关键在于贷方科目的设置。具体有两种方法：一是将自创的创新性资源纳入现有的报表体系；二是保留现有的会计体系不变，以辅助报表的方式反映自创的创新性资产。考虑到事件会计的主观随意性，为了防止管理层操纵盈余，笔者更倾向于采用第二种方法。第二种方法以事项的关键点为确认时点，以价值评估为确认基础。以研发为例，当新技术、新产品通过β测试时，按照研发可望形成的新技术、新产品的未来现金流量折现值借记“创新性资产”，贷记“递延预期收益”。当研发形成的新技术、新产品带来收益增加或成本降低时，借记“递延预期收益”，贷记“创新性资产收益”，同时借记“创新性资产摊销”，贷记“创新性资产”。

（二）借鉴研究成果，完善计量方法

根据笔者的观察，会计界认为难以可靠计量的问题，其他学科的研究成果可能早已将其解决。事实上，现有会计体系在计量方面大多是从其他学科学习借鉴而来的，会计界耳熟能详的资本成本计量、重置成本计量和现行价值计量就是来自财务学和经济学的研究成果。进入新经济时代后，新思维、新观念、新方法层出不穷，会计界更应当秉承兼收并蓄的包容态度和与时俱进的创新精神，探索引进其他学科日臻成熟的计量方法，为我所用，不断丰富、完善会计计量方法。

新经济呼唤新会计，可供新会计借鉴的计量方法包括但不限于以下方面。

1. 借鉴互联网估值模型，将用户资源和行业地位纳入计量范围

如前所述，互联网行业具有流量为王、赢家通吃的典型特点。将用户资源和行业地位纳入会计体系的计量范围，将极大地缓解新经济企业资产负债表的虚化现象，更加准确地反映新经济企业的价值所在。以太网创始人梅特卡夫提出了“网络的价值等于网络节点的平方，并且与网络的用户数量的平方成正比关系”的观点，互联网行业将其称为“梅特卡夫定律”（Metcalfe’s law）。以该定律为基础建立的梅特卡夫估值模型为：$V=K\times N^2$。以此为基础，国泰君安构建了互联网企业的估值模型：$V=K\times P\times(N^2\div R^2)$。以梅特卡夫定律为基础的估值模型还包括DEVA（discounted equity valuation analysis，折现权益估值分析）法、市值用户比较法等。所有这些方法都有其合理成分，适当地加以借鉴，有望破解会计界用户数量和行业地位的计量难题。

2. 借鉴实物期权模型，将无形投资和智慧资本纳入计量范围

期权有金融期权（financial options）与实物期权（real options）之分。实物期权是指当企业进行包括无形投资在内的长期性投资决策时，能够根据当时的不确定因素选择采取某些商业活动（如进一步投资）的权利。实物期权是一种权利，而不是一种义务。实

物期权的概念是由Stewart Myers在1977年提出的，他认为，一个投资项目创造的利润，源自对目前所拥有资产的使用及对未来投资机会的选择之和（Myers 1977）。迄今为止，实物期权已成为处理不确定性投资结果的投资决策工具。与金融期权不同，实物期权具有非交易性、非独占性、先占性与复合性等特点（Trigeorgis 1988），最常用的估值方法为BS[①]模型和二叉树模型。

将实物期权模型用于对具有重大不确定性投资进行估值的著述很多。Lev（2000）认为，新经济企业对研发的投资本质上属于具有不确定性特点的无形投资，这类企业越来越多地将实物期权模型视作战略投资工具并将其广泛应用于对研发投资的估值。实物期权同样适用于对智慧资本，特别是人力资源的价值评估。例如，刘大为（2006）在其博士学位论文《新经济条件下企业人力资源价值计量研究》中，系统地论述了人力资源的实物期权属性，提出了用实物期权评估人力资源价值的方法体系。可见，引入实物期权模型，将成为新经济企业对无形投资和智慧资本进行价值计量的有效捷径。

3. 借鉴多重估值模型，将用户聚集的数字资产纳入计量范围

如前所述，用户聚集可以导致新经济企业产生边际成本递减效应并由此形成价值连城的数字资产。对数字资产的价值进行确认和计量，有助于提升新经济企业会计信息的相关性。尽管学术界和实务界围绕数字资产进行了广泛探索，提出了各种各样的主张，但由于未得到会计准则制定部门和证券监管部门的认可而没有用于正式的对外报告，主要是用于企业内部对数字资产投入与产出效果的评估。

Gartner咨询公司2015年发布的由Douglas Laney撰写的*Why and how to measure the value of your information assets*的研究报告，提出数字资产的多重估值模型是迄今为止数字资产较为完整的计量体系，值得会计界借鉴。该体系按照数字资产估值目标，将计量方法分为以信息管理为侧重点的计量方法和以价值评估为侧重点的计量方法，前者包括信息内含价值（intrinsic value of information，IVI）法、信息商用价值（business value of information，BVI）法和信息业绩价值（performance value of information，PVI）法，后者包括信息成本价值（cost value of information，CVI）法、信息市场价值（market value of information，MVI）法和信息经济价值（economic value of information，EVI）法（Laney 2015）。

此外，德勤会计师事务所提出的旨在实现数字资产与企业价值相互连通的第四张报表也不乏借鉴意义。第四张报表基于数字资产与股票市值的相关性，以用户数据（用户数量、用户黏性、用户活跃度等互联网数据）为核心，建立了涵盖用户、产品、渠道和财务等四个维度的企业价值管理体系，对于计量数字资产的价值具有一定的启示意义。

（三）强化表外披露，揭示价值动因

确认和计量不是万能的，有时甚至是困难重重的，此时，信息披露就成为反映价值创造驱动因素的重要手段。尽管表外披露不能替代表内确认，但可绕过表内确认的计量

① BS是两位经济学家Black和Scholes名字的缩写。

问题，不失为权宜之计。进入新经济时代后，在定期财务报告之外，强化表外的信息披露，对于投资者及时做出决策意义重大。必须说明的是，这种性质的信息披露，不一定要拘泥于形式，也不一定要与定期报告一起披露，宜早不宜迟。此外，这类信息披露应当是自愿性披露，而非强制性披露。这类信息无须审计，且应当赋予管理层免责权利，使其免于被诉讼。

表外披露重在揭示对新经济企业至关重要但又难以量化的价值动因，比较有代表性的主张包括战略性资源与效果报告、细化支出性质的信息披露。

1. 追踪价值创造，反映战略性资源的配置与效果

新经济企业核心竞争力的表现形式和价值创造的驱动因素有别于旧经济企业，增加这些方面的信息披露，有助于增进投资者了解新经济企业的商业模式，提高其决策水平。列夫和谷丰（2016）将新经济企业的价值创造驱动因素归纳为资源开发、战略性资源、资源维护、资源配置和价值创造等五个方面，并以定量分析与定性分析相结合的方式提出了战略性资源与效果报告，这些均极具推广运用价值。图5列示了媒体与娱乐业的战略性资源与效果报告。

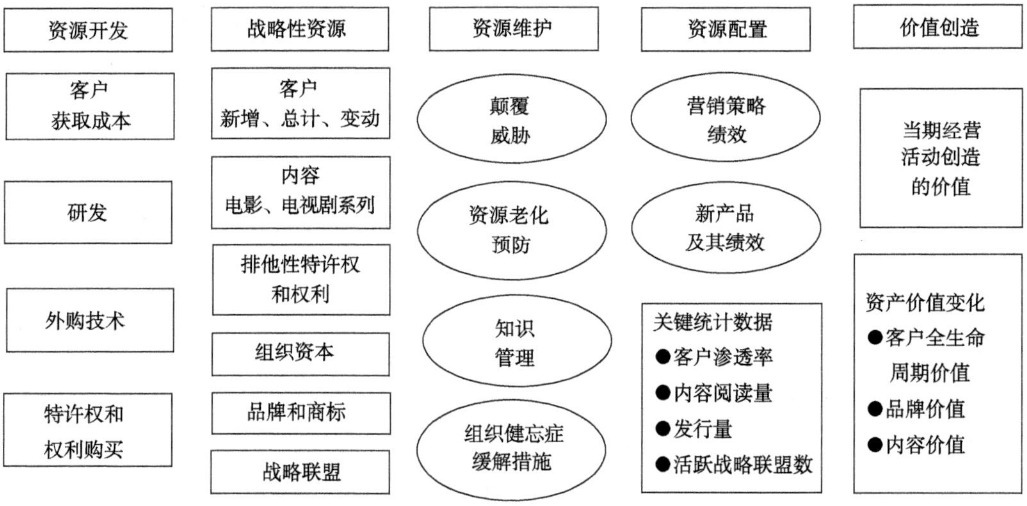

图5　媒体与娱乐业的战略性资源与效果报告

资料来源：列夫和谷丰（2016）

图5方框内为定量信息，椭圆框内为定性信息，当期经营活动创造的价值=经营活动产生的现金净流量+费用化的投资支出–资本性支出–权益资本成本。

2. 细化收支分类，反映资本性支出的投入与产出

按照现行会计准则的要求，新经济企业往往在财务报表中以高度概括的方式反映收入与支出，将创新性收入与经营性收入、资本性支出与收益性支出混杂在一起，不利于投资者评估资本性支出的投入与产出。为了克服这种现象，Lev（2000）从创新能力、人力资源、客户资源、网络效应等四个维度，提出了有助于评估资本性支出投入与产出效果的信息披露框架，如表5所示。

表5 资本性支出投入与产出披露框架

维度	投入	产出
创新能力	内部研发与外购技术	创新性营业收入
	流程方面的研发	成本效率
	基础研究	专利、商标、授权收入
人力资源	以业绩为基础的薪酬	员工离职率
	员工培训和福利	劳动力质量
客户资源	客户获取成本	客户回头率（忠诚度）
	广告与推介	客户价值
	品牌与商标收购	品牌价值
网络效应	研发联盟：经营范畴	专利、产品和营业收入分享
	营销联盟：经营范畴	来自营销联盟的营业收入
	内部协作	网络相关的收入

资料来源：Lev（2000）

与此相类似的还有Govindarajan等的主张，他们建议新经济企业的支出应按当期经营支出、未来导向投资支出和一次性特殊支出等三大类别进行披露，让投资者自行评估企业的真实营利能力。此外，笔者建议，对于知识密集型的新经济企业，最好能像思科那样详细披露营业成本、研发支出、销售和管理费用中的人工费用，让投资者能够一目了然地了解新经济企业在人力资源方面的投入。

最后必须说明的是，会计改革不可能一蹴而就，也不应操之过急。上述关于确认、计量和披露规则的改进都是探索性的，其效果有待时间的检验。鉴于新经济时代确认、计量和披露方面存在着诸多不确定性，同时为了防止管理层操纵盈余，最好是在保持现行会计体系和会计规则的基础上，鼓励新经济企业以辅助报表和自愿披露的方式，对有助于其维持核心竞争力和创造价值的所有要素尽可能予以确认、计量和披露。由于这套会计信息和辅助披露并不被纳入现行会计体系，不会“污染”已有报表体系，既能发挥会计信息的决策功能，又可保持会计信息的价值分配功能。

参考文献

列夫 B，谷丰. 2016. 会计的没落与复兴. 方军雄译. 北京：北京大学出版社.

刘大为. 2006. 新经济条件下企业人力资源价值计量研究. 哈尔滨工业大学博士学位论文.

Corrado A C，Hulton C R. 2010. How do you measure a “technological revolution”. American Economic Review，100（2）：99-104.

Druck P F. 1999. Management Challenges for the 21st Century. New York：Harper Collins.

Govindarajan V，Rajgopal S，Srivastava A. 2018a. Why financial statements don’t work for digital companies. Harvard Business Review，2：1-8.

Govindarajan V, Rajgopal S, Srivastava A. 2018b.Why we need to update financial reporting for the digital era. Financial Management, 6: 19-27.
Haskel J, Westlake S. 2018. Capitalism Without Capital: the Rise of the Intangible Economy. Princeton: Princeton University Press.
IASB. 2018. Conceptual framework for financial reporting. Working Paper.
ITIF. 2017-11-08. The 2017 state new economy index. http://www.innovation4.cn/library/r20454.
Laney D. 2015. Why and how to measure the value of your information assets. Research Report.
Lev B. 2000. New accounting for the new economy. Working Paper.
Lev B, Gu F. 2016. The End of Accounting and the Path Forward for Investors and Managers. Hoboken: John Wiley and Sons.
Lev B, Zarowin P. 1999. The boundaries of financial reporting and how to extend them. Journal of Accounting Research, 37(2): 353-385.
Mandel M. 1996. The triumph of the new economy: a powerful payoff from globalization and the info revolution. Business Week, 12: 15-23.
Myers S C.1977. The determinants of corporate borrowing. Journal of Financial Economics, 5: 147-175.
Rifkin J. 2014. The Zero Marginal Cost Society: The Internet of Things, the Collaborative Commons, and the Eclipse of Capitalism. New York: St. Martin's Griffin Press.
Shy O. 2004. The Economics of Network Industries. Cambridge: Cambridge University Press.
Stewart T A. 1998. Intellectual Capital: The New Wealth of Organizations. New York: Crown Business.
Trigeorgis L. 1988. A conceptual options framework for capital budgeting. Advances in Futures and Options Research, (3): 145-167

Traditional Methods Cannot Measure the New Economy: The Deterioration and Remedy of Accounting Information Relevance

Shizhong Huang
Xiamen National Accounting Institute, Xiamen, Fujian, China 361005

Abstract: This paper discussesthe deterioration ofaccountinginformation relevance and its root causes, and proposes severalsolutions to the problem. In Part I subtitled "Steady Decline of Correlation", I analyze the deterioration ofaccounting information relevance from the perspective of usefulness and accountability of accounting informationfor decision making. In Part II subtitled "Ostrich Policy of Turning a BlindEye to the New Economy", I point out that the accounting standards developed in the era of the old economy do not take into considerationmany of the phenomena in the era of the new economy in that the outdated accounting rules overlookthe capital expenditure nature of investments in intangible assets, the network effects of platformassets, the difference in economic values resulting from different industry positions, the declining marginal costs stemming fromuserconcentration, the value creation of digital assets, and the intrinsiceconomic value of intellectual capital. As a result, there has been a decline in accounting information relevance. In Part III subtitled "A Remedy to Stay in Line with the Changes over Time", I explore the methods of recognizing, measuring, and disclosing the driving factors crucial to the value creation and competitiveness of thefirms in the new economy so as to alleviate the problem arising fromthe lack of relevant accounting information.

***Keywords*:** New economy; accounting information relevance; investments in intangible assets; networkeffects; winner-takes-all; marginal costs; digital assets; intellectual capital.

当代会计评论
第11卷第4辑
2018年

Contemporary Accounting Review
Vol.11 No.4
2018

南辕北辙，还是在路上?
——中国会计研究国际化进程观察*

夏立军[1]　王珊[2]
（1. 上海交通大学安泰经济与管理学院，上海 200030；2. 中南财经政法大学会计学院，湖北 武汉 430073）

【摘要】 本文回顾了20世纪90年代中期以来的中国会计研究国际化进程，基于中国（不含港澳台地区）高校在国际五大会计期刊的论文发表和引用情况分析了国际化进程的成就和不足。基本结论是，二十余年来中国会计研究的国际化进程成效显著，体现在中国高校在国际五大会计期刊的论文发表产能显著提升。然而，在发表产能显著提升的同时，是在研究人员来源、研究对象和研究内容上本土性特征的显著下降，以及学术影响力的缺失。如果说中国会计研究国际化进程的初衷是通过学习借鉴国际上的科学研究方法以更好地开展中国问题研究，从而服务于中国的转型和发展，那么二十余年来的国际化进程已经呈现出令人遗憾的"南辕北辙"的局面。本文进而提出了以中国问题、研究的重要性、原创性和影响力为核心尺度的内容导向学术评价制度改革方向。

【关键词】 中国会计研究　国际化　学术评价

一、引　言

20世纪90年代中期，中国会计研究开启了国际化进程①。目前，这一进程已历经二

* 夏立军，教授，E-mail：ljxia@sjtu.edu.cn。王珊，讲师，E-mail：sunny05fly@163.com。在本文写作过程中，笔者曾与一些学者交流本文的主要内容。感谢T. J. Wong、陈信元、陈冬华、杜兴强、李增泉、刘峰、吕长江、辛清泉、杨雄胜等学者的批评指正，但作者文责自负。此外，夏立军感谢财政部"会计名家培养工程"项目的支持。

① 实际上，我国会计研究很早就同国际学界交流密切，甚至中华人民共和国成立前很多高校的会计学教授从美国大学取得博士、硕士学位，但改革开放后按照国际范式开展研究和进行博士生培养是从1995年中国会计教授会成立开始，本文所讨论的是20世纪90年代中期开始的这一国际化进程。

十余年。伴随着这一进程，中国会计研究的面貌发生了巨大的变化。二十余年来，中国高校在国际顶级会计期刊上发表的论文从无到有，从少到多，截至2016年底已在国际五大会计期刊累计发表56篇论文，同时，还有大量论文发表于其他国际期刊上[①]。在研究队伍上，从本土博士，到中西结合，越来越多的高校以海外训练的博士作为师资来源，乃至主要来源。相对以往缺乏科学研究的状况，这无疑是中国会计研究的显著进步。

然而，我们认为，对于中国这样的转型和发展中大国而言，会计研究国际化的内在要求并非是亦步亦趋地跟随国际尤其是美国会计研究的步伐，而应当是通过科学研究加深对中国会计、公司治理、资本市场及政治经济问题的理解，进而促进中国的转型和发展。回顾中国会计研究二十余年的国际化进程，如何理解其中的成就和不足？这一进程的成就体现在哪里？是否存在需要反思和改进的地方？更基本的问题是，中国会计研究的国际化进程是正在通向理想目标的路上，还是面临着“南辕北辙”的风险？国际化之路如何走得更健康、更有意义？

本文基于客观数据对上述问题进行讨论，以期为中国会计研究的深化发展提供借鉴。毫无疑问，本文的讨论带有较强的主观性，全面回答这一问题也超出了本文的范围，我们仅对此提供一个简要的观察。我们收集了以中国高校署名发表于国际五大会计期刊的论文，统计了截至2016年底的论文数量、作者分布、研究话题、引用强度等方面的情况。在此基础上，对上述问题进行讨论和分析。

我们的基本结论如下：①二十余年来的国际化进程成效显著，这主要体现在中国高校在国际五大会计期刊的论文发表产能显著提升，近年来每年的发表量已经占据国际五大会计期刊发表容量的5%左右；②在研究人员来源上，非本土博士已经成为中国高校国际五大会计期刊的论文发表主力，在国际五大会计期刊发表的论文数量已经远远超过了本土博士；③在研究对象和研究内容上，中国高校发表于国际五大会计期刊的所有论文中，仅有不到一半的论文采用了中国数据，不到四分之一的论文在研究问题或理论逻辑上具有中国的制度背景特征，并且中国数据尤其是中国问题论文的比例呈现出显著的下降趋势；④非本土博士是非中国数据研究的主力，而本土博士则是中国数据和中国问题研究的主力，但两类学者所发表的国际五大会计期刊论文的影响力（体现在论文发表后的年均学术引用上）均呈现出显著的下降趋势，并且中国数据论文与非中国数据论文相互之间缺乏影响。

上述研究结论的启示是，如果说中国会计研究的使命是理解和服务中国的经济与社会发展，那么二十余年来的国际化进程已经“南辕北辙”了，即在国际顶级期刊发表论文数量显著提升的同时，是本土性特征的显著下降和学术影响力的缺失。换言之，除了极少数发表于国际五大会计期刊的中国问题研究论文，国际化进程的突飞猛进带来的只是大量既缺乏学术影响又缺乏与中国相关性的发表指标。实际上，国际化进程原本只是

① 本文统计的国际五大会计期刊包括JAE、JAR、TAR、RAS、CAR，其中前三个期刊即本文所指的国际三大会计期刊。除此以外，中国高校的会计学者在国际顶级金融、管理类期刊也发表了部分论文，并在国际非顶级的期刊发表了大量论文。鉴于国际五大会计期刊的论文发表在中国会计研究的国际化进程中具有强烈的“指挥棒”导向，本文的分析对象仅限于中国高校在这些期刊发表的论文及其作者。采用这些论文为研究对象，并不意味着我们认为这些论文一定更加重要或原创，也不意味着这些论文一定与中国问题相关。

学习借鉴国际上的科学研究方法以提高中国会计研究水平，进而更好地通过科学研究来理解和服务中国转型和发展的手段，其本身并非目的。如果手段演变成了目的，则难免“南辕北辙”。如何引导和激励中国会计研究国际化进程走向更加健康和有意义的方向，即高水平地进行中国问题研究，是学界面临的共同挑战。

二、发表数量的显著提升

根据我们收集的数据（附表1），从20世纪90年代中期开始，中国高校开启了在国际五大会计期刊发表论文的进程。1996年，上海交通大学会计系的金铭教授与海外学者合作在RAS发表了题为“Bankruptcy classification errors in the 1980s：an empirical analysis of Altman’s and Ohlson’s models”的论文。在我们所知的范围内，这篇论文是改革开放后中国高校在国际五大会计期刊发表的首篇论文。但这篇论文未采用中国数据，也未研究中国问题。

就采用中国数据的研究而言，作为上海财经大学会计学院领全国风气之先的研究范式改革成果，上海财经大学会计学院李树华博士、原红旗博士、夏立军博士分别与海外学者合作，于1999年、2004年、2008年陆续在国际三大会计期刊JAE、TAR、JAR发表了三篇论文[①]。这些研究从中国独特的制度背景出发，考察了中国资本市场会计、审计与公司治理的基本问题，开启和激励了中国问题研究的国际化进程，产生了广泛影响。

2010年之后，中国学者在国际五大会计期刊的论文发表逐步加速。图1显示，2010年以后，中国高校每年在国际五大或国际三大会计期刊的论文发表均不低于2篇，并且呈现增长的态势。2016年，国际五大和国际三大会计期刊的发表数量分别达到12篇和8篇，达历史高点。这些现象与2010年之前的零星论文发表状态形成了鲜明对比。图2显示，截至2016年底，中国高校在国际五大和国际三大会计期刊的累计发表数量分别达到了56篇和33篇，这表明，经过二十余年的国际化进程，国际顶级期刊的论文发表已经不再稀缺。图3显示，1996~2016年，中国高校在国际五大会计期刊发文篇数占当年国际五大会计期刊发文总量的比例已经从不到1%提升到5%左右。换言之，就国际五大会计期刊的发文产能而言，2016年的中国高校发表产能已经提升到全球5%左右。实际上，由于国际五大会计期刊中有四大期刊来自美国，美国高校的发表产能自然占据遥遥领先的地位，但中国高校的产能已经居于除美国以外的全球领先位置[②]。如果算上新加坡和中国香港地区的产能，那么东亚国家或地区则成为除美国以外的第一位国际五大会计期刊发表产区。

---

① 这些论文的发表，应当说是中西结合、水到渠成的产物，即一批在上海财经大学访问或授课的海外学者，如Charles Jieping Chen、Kevin Chen、Joseph Fan、Jevons Lee、Xijia Su、Judy Tsui、T. J. Wong、Wayne Yu等，与一批谙熟中国资本市场制度背景的上海财经大学会计学院学者，如汤云为、张为国、孙铮、陈信元等，深度交流合作、共同培养博士生的结果，其中李树华博士、夏立军博士发表的两篇论文也是其博士学位论文的主体内容。

② 国际五大会计期刊中JAE、JAR、TAR、RAS来自美国，CAR来自加拿大。在某种程度上，国际五大会计期刊也是美国和加拿大的顶级会计期刊，这些期刊既具有“国际性”，也具有其所在国的“本土性”。

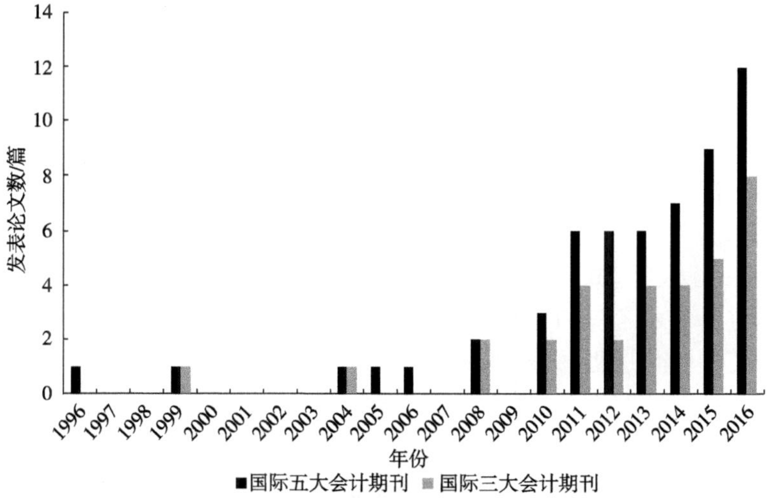

图1 中国高校历年在国际顶级会计期刊发表论文数

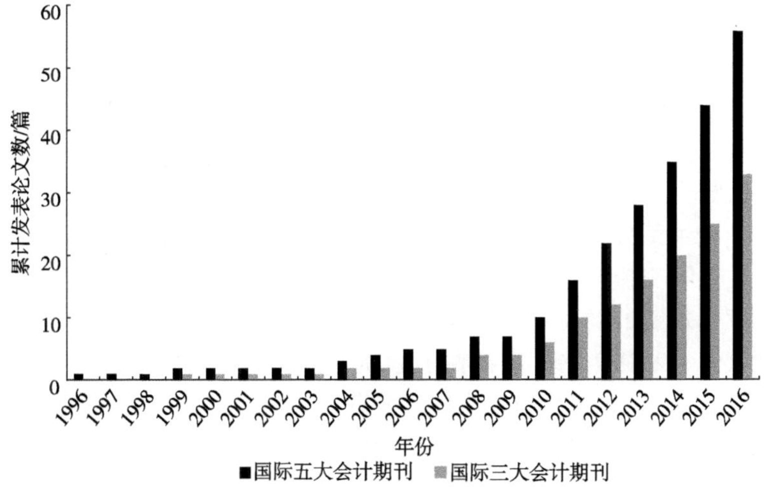

图2 中国高校历年在国际顶级会计期刊累计发表论文数

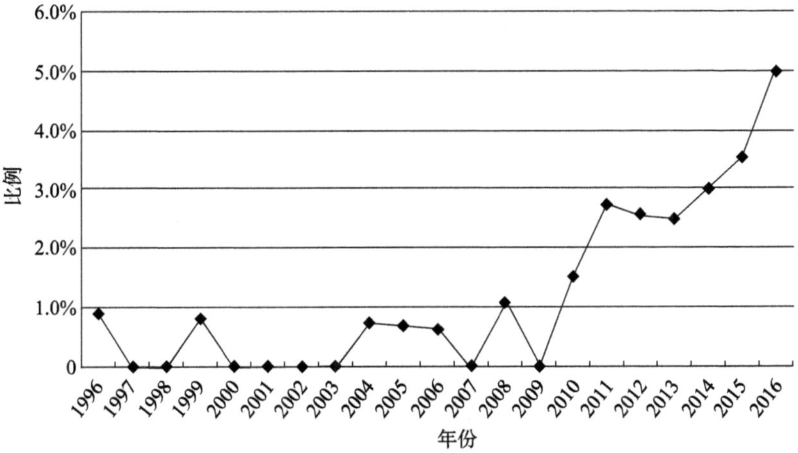

图3 中国高校在国际五大会计期刊发文篇数占当年期刊发文总量的比例

图1~图3表明，伴随着中国会计研究的国际化进程的推进，中国高校和学者在国际顶级会计期刊上的学术发表能力已经得到显著提升，彻底摆脱了过去长期与国际会计学界不接轨的状态。毫无疑问，从中国会计研究的历史发展来看，这是一个非常显著的进步。这一进步的取得，源自中国高校在研究取向上导向了国际范式的研究，一方面大力鼓励和培养本土博士开展国际范式的研究，另一方面从2003年开始不断引进海外训练的博士加入师资队伍①。可以说，经过二十余年的国际化进程，与国际接轨的科学研究范式和方法已经深入人心，成为中国会计学界的主流，采用国际五大或国际三大会计期刊论文发表数量进行学术考核和评价也已风行于中国高校。然而，我们后文的分析将会展示中国会计研究国际化进程发表“繁荣”背后令人担忧的一面。

三、本土性的显著下降

中国是一个转型和发展中的大国，建设的是中国特色的社会主义市场经济。中国会计研究处于这样的国情和环境之中，自然生发出其自身的重要问题。在学习借鉴国际上的会计学理论和研究方法的同时，中国会计研究更需要在研究问题和理论发展上扎根中国大地。我们认为，中国会计研究国际化进程的初衷和目标不应是将国外的发表产能简单、机械地移植到中国来，而应是立足中国转型和发展的需求，开展具有国际一流学术水平的研究，在国际交流合作中发展出基于中国特色社会主义市场经济环境的会计学理论和知识。然而，现实的情况令人担忧。

图4给出了1996~2016年中国高校在国际顶级会计期刊所发表论文的累计作者来源分布情况。其中，如果某篇论文中有从中国高校获得博士学位的作者，则将该论文记为“本土博士”，否则记为“非本土博士”。需要说明的是，即使某篇论文被标记为“本土博士”，通常该论文也是由本土博士与海外学者合作完成的。我们对此进行分析的目的是，观察“本土博士”与“非本土博士”两类论文生产模式的差异及对中国会计研究国际化进程的启示。

从图4可见，在中国高校的国际五大会计期刊论文发表上，从2006年开始，非本土博士累计发表论文数已经超越了本土博士，并且呈现差距逐渐拉大的形态；在中国高校的国际三大会计期刊论文发表上，从2011年开始，非本土博士的发表数量逐渐赶上本土博士，且在2013年开始超过本土博士发表数量，并逐渐拉开差距。图5则进一步给出了中国高校在国际顶级会计期刊所发表论文中来自本土博士的累计比例，可见，无论是国际五大会计期刊论文还是国际三大会计期刊论文，近年来本土博士的论文累计比例显著下降，到2016年，这一累计比例下降到30%~40%。图4和图5说明，随着中国会计研究国际化进程的推进，非本土博士已经逐渐成为中国高校在国际五大或国际三大会计期刊的论文发表主力。换言之，在研究人员的来源上，中国会计研究国际化进程的本土性特征已

① 在我们的样本中，非本土博士（海外博士）是从2003年开始加入中国高校任职，并且逐步成为中国高校的师资来源。

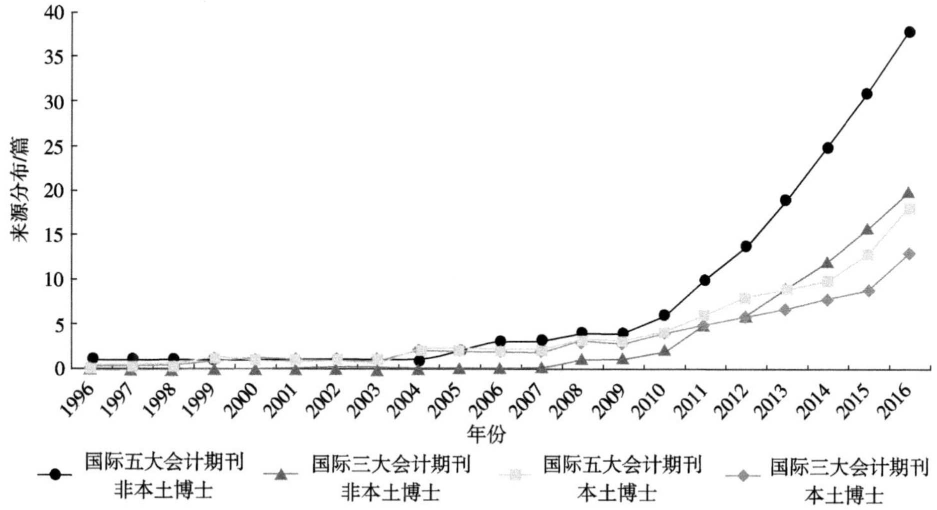

图4 1996~2016年中国高校在国际顶级会计期刊所发表论文的累计作者来源分布

经显著下降。后文的分析将会表明，这种显著下降本身也意味着中国会计研究国际化进程在研究对象和研究内容上的本土性特征的下降[①]。

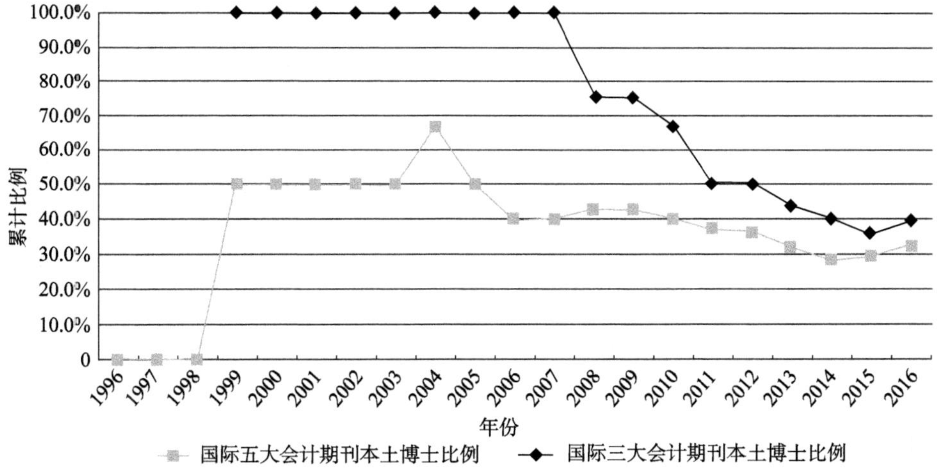

图5 1996~2016年中国高校在国际顶级会计期刊所发表论文中来自本土博士的累计比例

接下来，我们按照研究对象和研究内容，将中国高校在国际五大会计期刊发表的56篇论文及其中在国际三大会计期刊发表的33篇论文进行分类。如果论文采用了中国数据，那么将其界定为“中国数据”；进一步地，如果论文采用了中国数据，并且在研究选题或理论逻辑上具有显著的中国制度背景特征，那么将其界定为“中国问题”[②]。图6给出

① 本文观察的中国高校会计研究国际化进程的本土性包括三个方面：一是在国际顶级会计期刊发表论文的中国高校任职人员中获得本土博士学位的比例；二是这些论文中采用中国数据（研究对象）的比例；三是这些论文中研究中国问题（研究内容）的比例。

② 采用中国数据而未被界定为“中国问题”的论文往往是在研究选题或理论逻辑上不具有鲜明的中国制度背景特征，这类论文仅仅使用了中国数据检验非中国背景下的问题，除了中国数据以外，看不出其他明显的中国元素。显然，对中国问题的界定具有一定的主观性，不过我们相信这种主观性引起的偏差较小，不会改变本文的研究结论。

了这一分类下1996~2016年中国高校在国际顶级会计期刊所发表论文中中国数据或中国问题论文的累计比例。从图6可见，随着国际化进程的发展，中国高校在国际五大或国际三大会计期刊所发表的中国数据论文累计比例均呈现出显著的下降趋势，其中中国问题论文的累计比例下降更快。截至2016年底，中国高校在国际五大会计期刊累计发表的56篇或者在国际三大会计期刊发表的33篇论文中，仅有40%左右的论文采用了中国数据，仅有20%左右的论文研究了中国问题。这表明，中国高校在国际顶级会计期刊的论文发表数量突飞猛进的同时，是研究对象和研究内容上本土性的显著下降，大量论文既未采用中国数据，也未研究中国问题。换言之，从国际顶级会计期刊的论文发表来看，中国数据尤其是其中的中国问题研究已经成为中国高校会计研究国际化进程中的“支流”了。

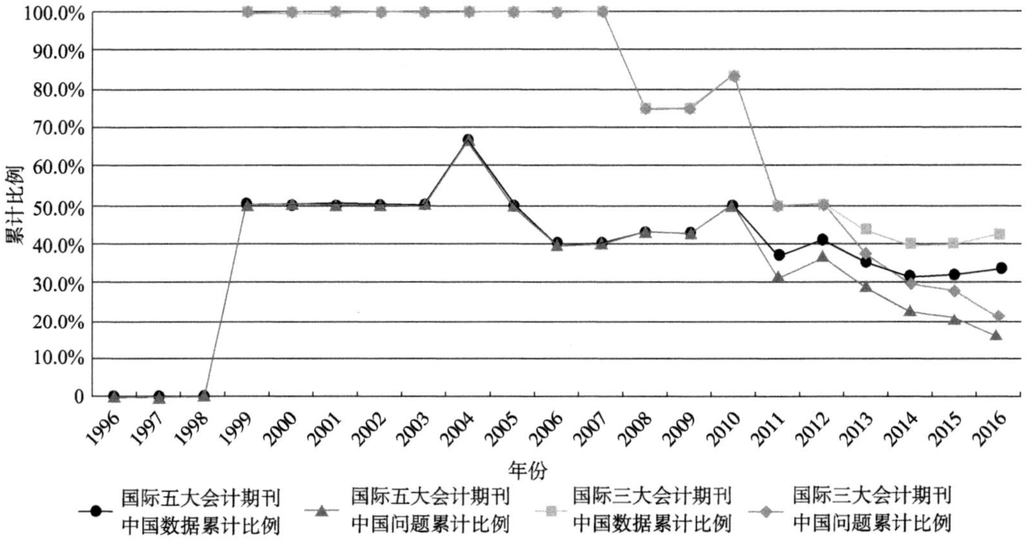

图6 1996~2016年中国高校在国际顶级会计期刊所发表论文中中国数据或中国问题论文的累计比例

那么，图6所展示的研究对象和研究内容上的本土性特征下降是否与图4和图5所揭示的在研究人员来源上的本土性特征下降有关呢？图7和图8分别给出了1996~2016年中国高校任职的非本土博士与本土博士在国际顶级会计期刊上所发表论文中采用中国数据或研究中国问题的累计论文比例。从图7可见，1996~2009年，非本土博士在国际顶级会计期刊累计发表的论文均为非中国数据、非中国问题论文，2010年和2011年短暂出现了一些中国数据和中国问题论文，但很快中国数据和中国问题论文的累计比例下降到20%以下。到2016年，非本土博士累计发表的国际五大或国际三大会计期刊论文中，仅有10%左右采用了中国数据，仅有5%左右研究了中国问题。与此相反的是，图8显示，1996~2010年，本土博士在国际顶级会计期刊上累计发表的论文全部采用了中国数据，2011年虽有短暂下降，但2012~2016年截至各年底累计发表的采用中国数据论文的比例依然在80%以上。然而，图8还显示，随着国际化进程的发展，本土博士累计发表的论文中研究中国问题的论文比例也从1996~2010年的累计100%不断下降到2016年的累计40%左右。

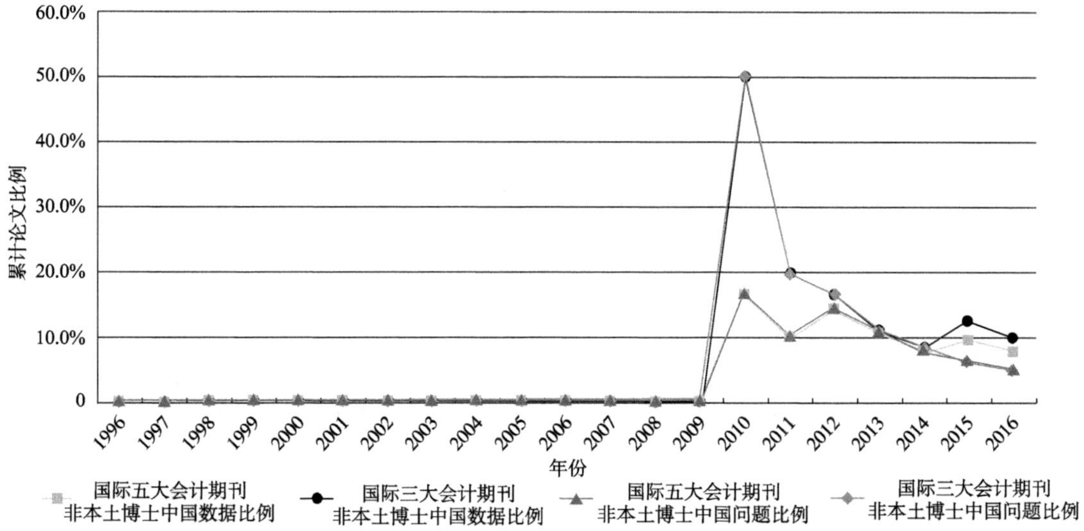

图7　1996~2016年非本土博士在国际顶级会计期刊所发表论文中采用中国数据或研究中国问题的累计论文比例

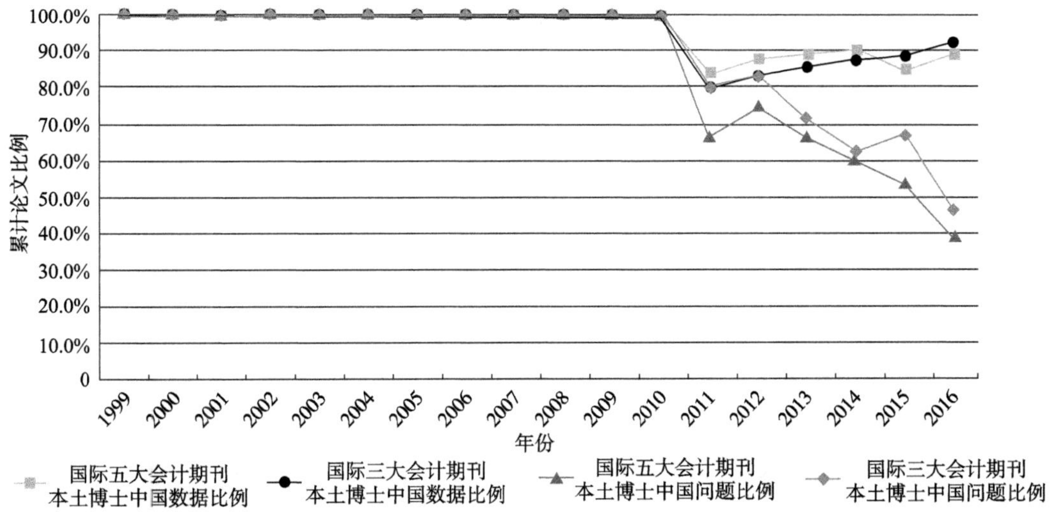

图8　1996~2016年本土博士在国际顶级会计期刊所发表论文中采用中国数据或研究中国问题的累计论文比例

图7和图8说明，在中国高校任职的非本土博士的研究对象主要是非中国数据，而本土博士的研究对象主要是中国数据。虽然在中国高校任职的本土博士和非本土博士在国际顶级会计期刊发表的论文多数均是与海外学者合作完成的，但这两类“学术生产”模式依然产生了显著差异。二者的鲜明对比背后可能是本土博士与非本土博士各自的路径依赖和比较优势使然。无疑，本土博士更加擅长或注重对本土数据和问题的研究，而非本土博士更加擅长或注重对非本土数据和问题的研究。然而，如前文所述，就国际顶级会计期刊论文发表而言，非本土博士已经成为主力，并由此引起了中国高校在国际顶级会计期刊所发表论文总体上本土性的显著下降。更令人担忧的是，随着国际顶级会计期

刊论文发表数量日渐成为中国高校流行的学术评价指挥棒，本土博士在国际顶级会计期刊发表的论文在研究问题上的本土性也呈现显著的下降趋势。

到这里可能有人会说，采用非中国数据或者研究非中国问题的论文也可能是会计学的基础研究，虽然没有采用中国数据，也未研究中国问题，但这些研究创造了一般性知识，对于理解中国问题也有启发。实际情况是怎样的呢？

图9给出了1996~2016年中国高校在国际五大会计期刊发表的56篇论文内部互相之间的引用情况。从图9可见，截至2016年底，非中国数据累计论文数远远超过了中国数据累计论文数，但是非中国数据论文互相之间的累计引用次数为2次，同时非中国数据与中国数据两类论文互相之间的累计引用次数为0，而中国数据论文互相之间的累计引用次数达到21次[①]。这说明，非中国数据论文并没有对中国数据论文产生启发，当然中国数据论文也同样未对非中国数据论文产生启发，并且非中国数据论文内部互相之间的启发也极为有限，唯有中国数据论文内部产生了显著的互相启发。很显然，中国数据与非中国数据两类论文之间，以及非中国数据论文内部，呈现的是一种“各自为政”的局面。因而，没有证据表明，中国高校截至2016年底在国际五大会计期刊所发表的大量采用非中国数据的论文对于理解中国问题能够产生积极的作用。

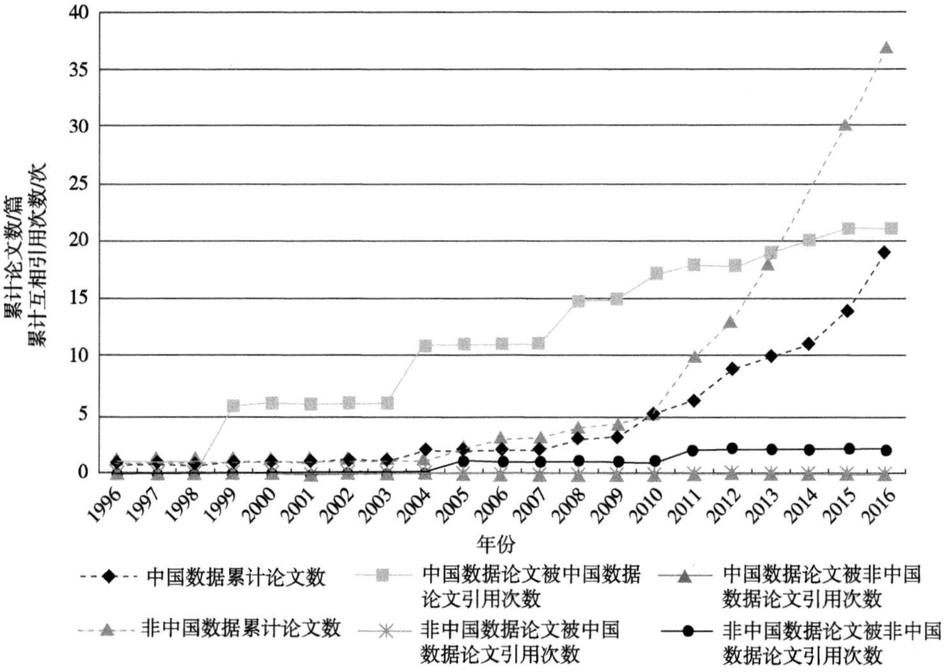

图9 1996~2016年中国高校在国际五大会计期刊发表的论文累计互相引用次数

① 其中中国数据论文内部的21次互相引用中，早期的3篇论文DeFond等（1999）、Chen和Yuan (2004)、Wang等（2008）被后续论文引用占了一半以上，说明中国数据论文内部形成了一定的承上启下的知识积累趋势。

四、学术影响力的缺失

上文的分析表明，随着中国高校会计研究国际化进程的推进，无论是在研究人员来源上，还是在研究对象和研究内容上，本土性特征均显著下降了。在本土性特征下降的同时，作为过去二十余年国际化进程最显性指标的56篇国际五大会计期刊论文的学术影响力怎样呢？下面我们观察这56篇论文发表后的年度平均被引频次，同时还观察这些论文的中国高校作者所发表的主要中文期刊论文的被引表现，据此了解国际化进程所带来的学术影响力表现。

图10、图11和图12分别给出了1996~2016年中国高校在国际五大会计期刊发表的56篇论文截至2016年底的年度平均WoS（Web of Science）、Google Scholar和CSSCI被引频次，并且按照本土博士和非本土博士发表的论文进行分类。采用论文发表年度至2016年底的年均被引频次，可以消除论文发表年度先后的影响，使得不同年度发表的论文具有可比性。从图10~图12可见，在这3个代表性的学术引用指标上，除了早期本土博士发表的少数几篇研究中国问题的论文以外，后期各年度本土博士和非本土博士发表的论文均呈现出显著的下降趋势。尤其是，后期在国际五大会计期刊发表的论文在代表中文学界影响力的CSSCI数据库中几乎是被零引用。这说明，随着国际化进程的发展，中国高校在国际顶级会计期刊发表的论文数量突飞猛进的同时，其学术影响力也不断下降。

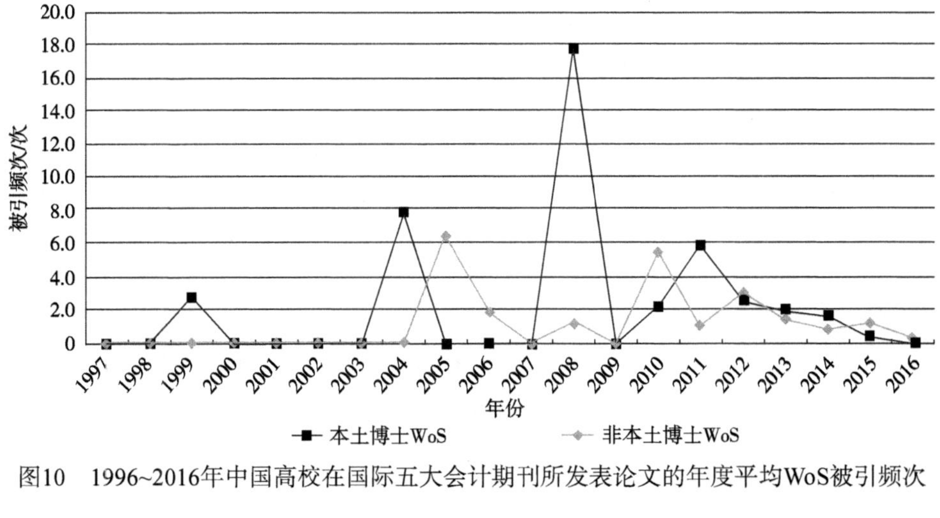

图10　1996~2016年中国高校在国际五大会计期刊所发表论文的年度平均WoS被引频次

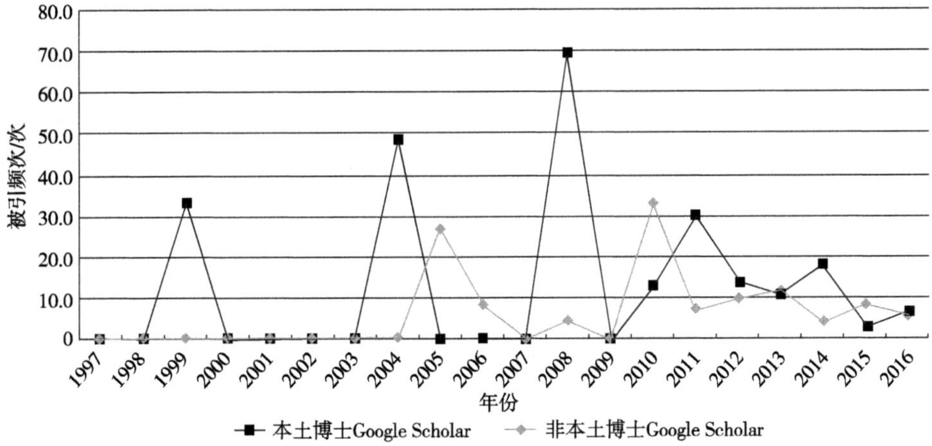

图11　1996~2016年中国高校在国际五大会计期刊所发表论文的年度平均Google Scholar被引频次

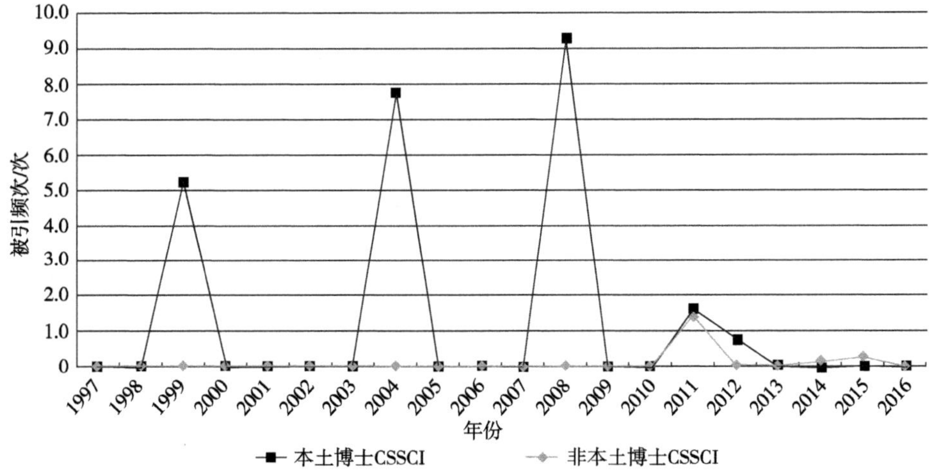

图12　1996~2016年中国高校在国际五大会计期刊所发表论文的年度平均CSSCI被引频次

如果说中国高校1996~2016年在国际五大会计期刊累计发表的56篇论文是代表国际化进程的最显性指标，那么这些论文的在中国高校任职的作者在中文顶级期刊的论文发表和引用情况则代表了同一作者群体在另一个侧面的本土性特征和影响力。纳入我们统计范围的中文顶级期刊包括《中国社会科学》、《经济研究》、《管理世界》、《经济学（季刊）》、《中国财务与会计研究》、《中国会计评论》、《会计研究》、《审计研究》、《金融研究》、《世界经济》和《南开管理评论》。图13给出了上述在国际五大会计期刊发表论文的在中国高校任职的国际化研究人员在中文顶级期刊的累计论文发表数量。和预期相符，无论本土博士还是非本土博士，这些国际化研究人员在中文顶级期刊累计发表的论文数量非常可观，并且不断增长，但本土博士的累计论文发表数量（400余篇）远远超过了非本土博士（100余篇）。由于在中文顶级期刊发表的论文几乎都采用了中国数据，图13从另外一个侧面表明，本土博士在研究对象上的本土性特征显著高于非本土博士。

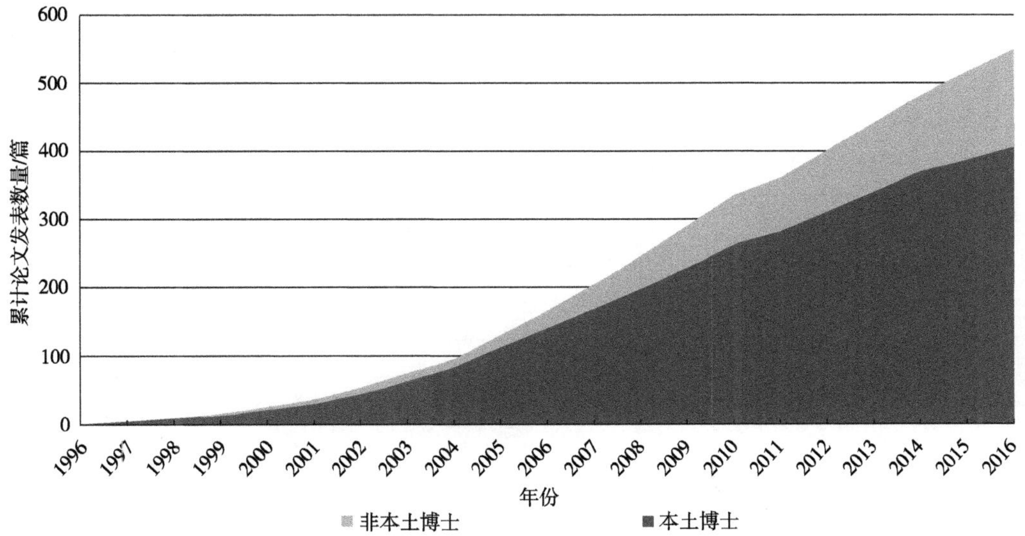

图13 在中国高校任职的国际化研究人员在中文顶级期刊的累计论文发表数量

图14、图15和图16分别给出了中国高校的上述国际化研究人员在中文顶级期刊发表的论文截至2016年底的年度平均CNKI（中国知网）、CSSCI和Google Scholar被引频次。同样地，采用论文发表年度至2016年底的年度平均被引频次，可以使不同年度发表的论文具有可比性。从图14~图16可见，在这3个代表性的中文论文学术引用指标上，在多数年度，本土博士的论文学术影响力显著高于非本土博士的论文学术影响力，但是二者在中文顶级期刊的论文学术影响力在后期都呈现出显著的下降趋势。

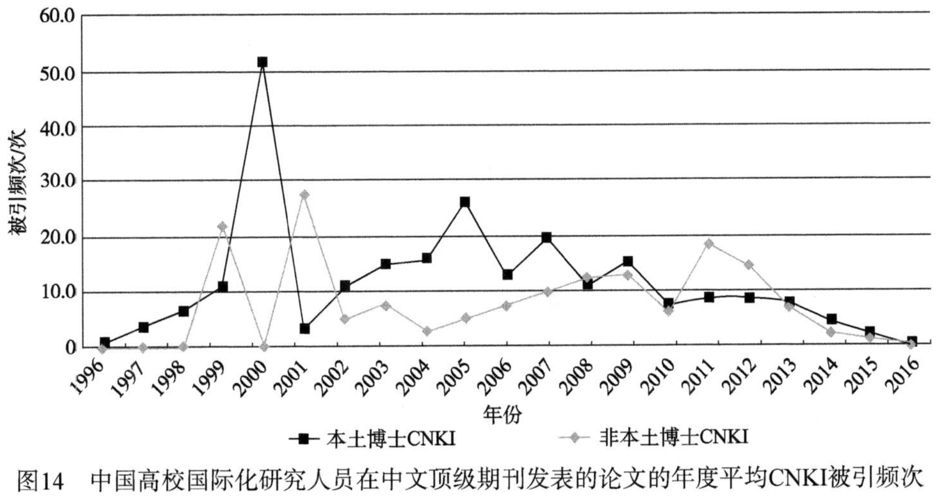

图14 中国高校国际化研究人员在中文顶级期刊发表的论文的年度平均CNKI被引频次

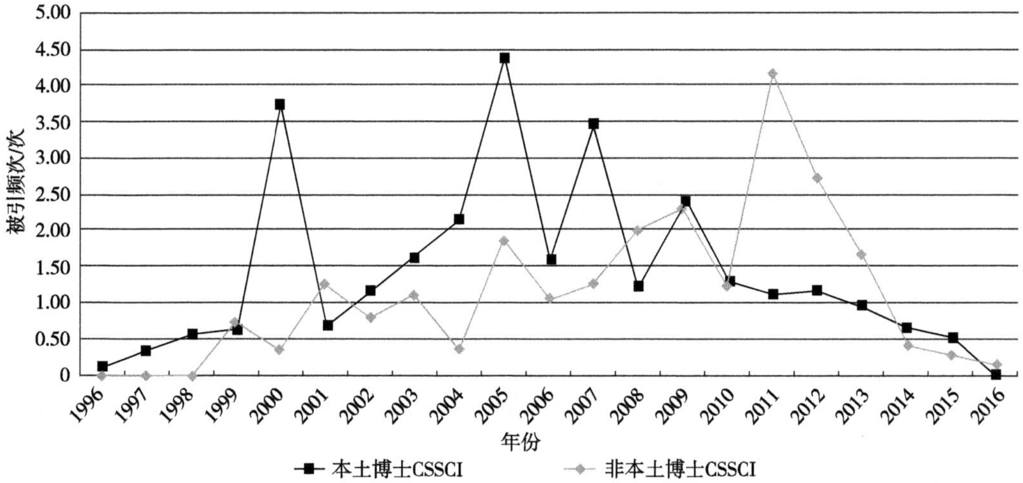

图15　中国高校国际化研究人员在中文顶级期刊发表的论文年度平均CSSCI被引频次

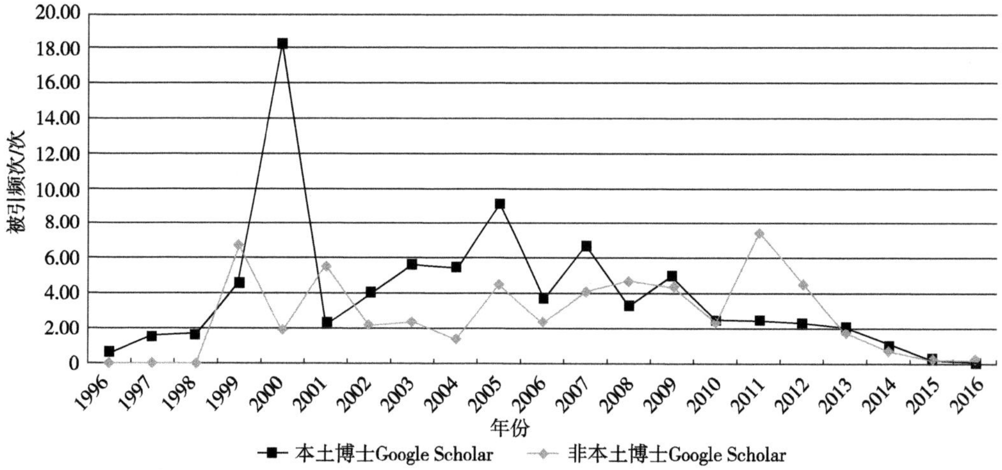

图16　中国高校国际化研究人员在中文顶级期刊发表的论文年度平均Google Scholar被引频次

五、美国和国际会计研究的现状

为了探究中国高校在国际五大会计期刊发表论文的数量突飞猛进的同时，本土性特征下降和学术影响力缺失背后的原因，我们进一步观察中国会计研究国际化进程一直学习和效仿的源头——美国会计研究的现状。众所周知，20世纪60年代末，美国会计研究发生了科学研究范式的革命，使得经验研究成为主流，由此主导了其后的美国会计研究，并进而主导了国际范围内的会计研究。在这一范式革命发生后的三四十年间，美国会计学界大师辈出，奠定了会计研究的信息经济学和代理理论基础，并获得了一系列重要的经验证据。

然而，进入21世纪之后，随着美国会计研究的成熟，美国会计研究乃至国际上的会计研究越来越面临着思想贫乏、创新贫乏和脱离实践等诸多困境。美国和国际会计学界的一批有识之士纷纷发出了“会计研究路在何方？”“会计研究是否是一个学术学科？”“会计研究是否停滞了？”等反思（Hopwood 2007，Fellingham 2007，Demski 2007，Chapman 2012，Moser 2012）。现状是，大量研究人员没有动力或能力研究会计学悬而未决的重要难题，如Ball（2001）所指出的有效率的财务报告系统的经济学、财务报告系统与制度环境的互动关系、会计准则的经济学等，反而沉迷于“连连看”式的表面研究或文献填空，产生了越来越多的缺乏创造性和影响力的发表指标[①]。

客观的数据也印证了上述困境。图17是1997~2016年国际上会计、金融与经济3个学科顶级期刊论文总数的对比[②]。可以看出，在这期间，虽然总体上会计顶级期刊发表的论文总数低于经济和金融，但会计顶级期刊发表的论文总数增长幅度显著高于经济、金融顶级期刊。图18是2016年底我们从ESI（essential science indicators，基本科学指标）数据库收集的全球历年会计、金融与经济ESI高被引论文数量分别占会计、金融与经济顶级期刊论文数的比例。ESI高被引论文是指ESI数据库中当年经济和管理大类所有论文中前1%被引频次的论文，由图18可以观察出会计、金融和经济论文各自在经管大类论文中的影响力。从图18可见，2006~2015年发表在会计顶级期刊的论文中，平均仅有2%左右的论文能够入选ESI高被引论文，并且近年来会计顶级期刊发表的论文中入选ESI高被引论文的比例不断下降到1%以下，而在金融顶级期刊发表的论文中平均有6%左右的论文能够入选ESI高被引论文，在经济顶级期刊发表的论文中平均有8%左右的论文能够入选ESI高被引论文。图17和图18说明，与经济和金融顶级期刊相比，近年来会计顶级期刊的扩容速度最快，但论文的平均影响力持续最低。图19是2006~2016年会计期刊ESI高被引论文的作者来源国家或地区的分布，可以看出，这些ESI高被引论文绝大部分来自美国，显示出美国高校在国际顶级会计期刊上的主导性。然而，我们仔细观察了2006~2016年的42篇会计期刊ESI高被引论文（附表2）的研究主题，发现其中大量是综述类和计量方法类论文，与中国有关的论文仅有Wang等（2008）、Jian和Wong（2010）。

如果美国和国际上的会计研究已经逐渐陷入思想贫乏、创新贫乏和脱离实践的困境之中，以美国会计研究为师的中国会计研究国际化进程难免陷入双重风险：一是“美国老师”不再先进的风险；二是美国会计研究与中国问题缺乏相关性的风险。双重风险交织在一起，很可能使中国会计研究的国际化进程背离其初衷。原因是，在美国会计研究

① 所谓“连连看”式的表面研究，是指研究的出发点并非来自理论或问题的重要性，而是从已有文献的一系列 *Y* 变量（因变量）和 *X* 变量（解释变量）中查找尚未被检验过的 *Y* 与 *X* 之间的关系，“连连看”式地形成研究的出发点，进而根据数据结果寻找 *Y* 与 *X* 之间的逻辑关系。因为研究动机较弱，*Y* 与 *X* 之间的逻辑关系要么众所周知，要么常常牵强附会。

② 会计学五大国际顶级期刊名单如前所述，经济学五大国际顶级期刊是 *Econometrica*、AER、JPE、QJE、RES，金融学四大国际顶级期刊是 JF、JFE、RFS、JFQA。

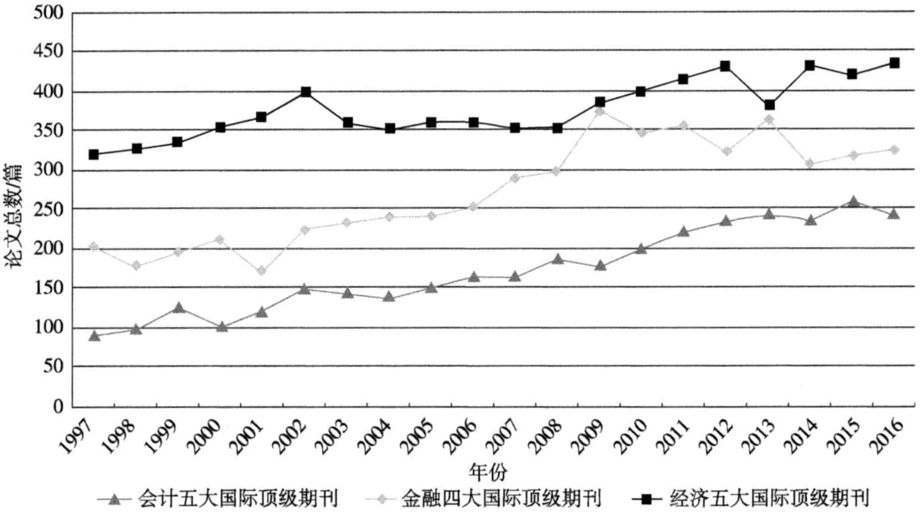

图17 1997~2016年全球会计、金融与经济3个学科在顶级期刊发表的论文总数

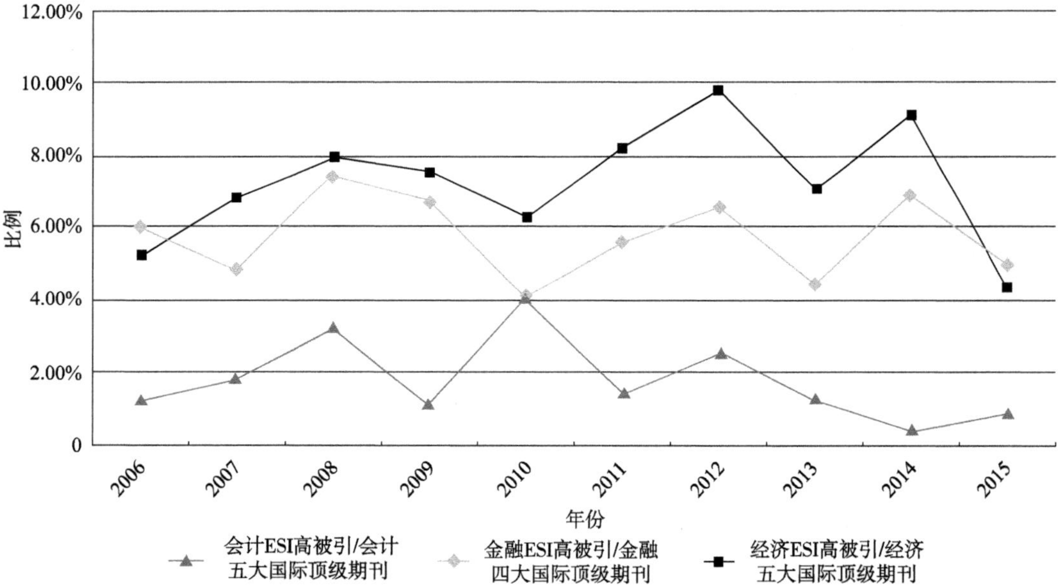

图18 2006~2015年全球会计、金融与经济ESI高被引论文数量占各类顶级期刊论文数的比例

经过20世纪的理论和实证繁荣期，逐渐走向“成熟”和“困境”的时候，中国会计研究刚刚开始其国际化进程不久①。于是，中国会计研究在尚未来得及厘清基于中国自身独特政治、经济制度背景的理论基础和基本研究问题时，便快速地、义无反顾地与美国同一时代的研究风格相遇，并受其影响或被其主导。

① “成熟”和“困境”体现为方法和形式上的“精致主义”，以及与这种精致主义相伴随的思想和创新的贫乏，研究问题的脱离实践、无关要旨和自娱自乐。

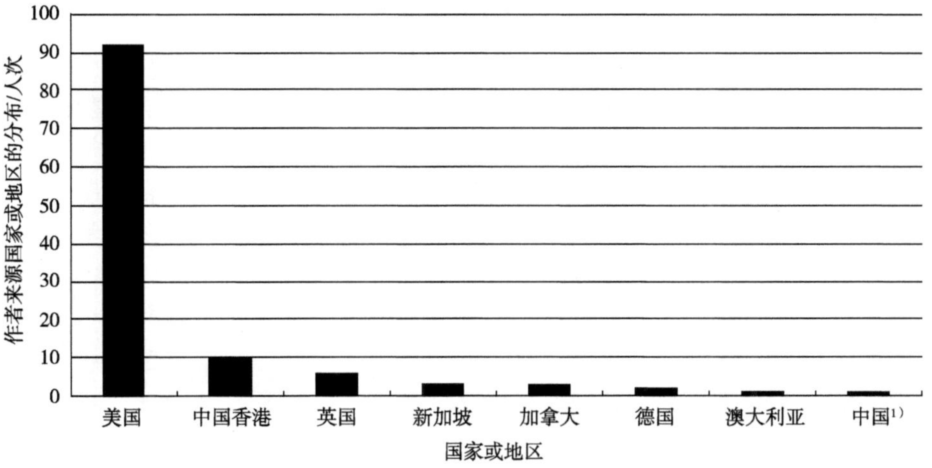

图19 2006~2016年全球会计期刊ESI高被引论文的作者来源国家或地区的分布

1）未含澳门、台湾地区数据，香港地区数据单列

一大批海内外学者在美国会计研究走向“成熟”和“困境”的时代接受学术研究的训练，或者耳濡目染这种时代中的学术研究品味（taste），自然而然地将其传染给同时代的中国会计研究。其结果便是，中国会计研究的国际化进程越来越呈现出“早熟”的特征。实际上，要厘清基于中国自身独特政治、经济制度背景的理论基础和基本研究问题，中国会计研究的国际化进程应该学习的反而是美国研究范式革命后的早期研究精神和风格，同时还需要一个漫长的知识积累过程。换言之，中国会计研究面临的是立足中国制度背景“打地基”的任务，而美国会计研究早已进入了“装修装饰”阶段，模仿、跟随“装修装饰”阶段的美国会计研究将会使中国会计研究呈现出“早熟”的特征。这种“早熟”的特征意味着，未经立足中国制度背景的、扎扎实实的“打地基”阶段，直接跨入“装修装饰”阶段的中国会计研究知识积累很可能只是空中楼阁，中国会计研究的学术大厦也就难以树立起来。

六、南辕北辙，还是在路上？

上文已经通过一系列图表揭示出，中国高校在国际顶级会计期刊发表论文的数量突飞猛进的同时，是研究人员来源、研究对象和研究内容上本土性特征的显著下降及相应的学术影响力的缺失。我们的研究显示，即使本土博士相对非本土博士在中国数据和中国问题研究上具有显著的比较优势，非本土博士已经成为中国高校在国际五大会计期刊论文发表的绝对主力，逐渐形成了中国会计研究国际化进程的一种“潮流”。

上述现象不难理解，甚至可以说在目前不问内容、不问是否与中国有关、不问学术影响，只问期刊等级和发表论文数量的学术评价体系下是一种必然趋势。原因是，要真正深入研究对于中国重要的问题，没有现成的理论框架作为指导，需要制度背景、生活经验，以及政治学、经济学等跨学科知识的长期积累和融会贯通，同时这类研究若要通过海外审稿人的评审则面临着重重障碍［这类学术生产带有强烈的“local knowledge”（本地知识）的特征］。从一个“理性”的学术生产者角度而言，其“回报”远不如采用国际顶级会计期刊所在国家或市场的数据，在成熟市场现成的理论框架下，研究海外审稿人和这些期刊容易接受和理解的问题，或者采用中国特有的数据检验他们关心的问题［这类学术生产更具“common knowledge”（普通知识）的特征］。从一个“理性”的学术管理者角度而言，培养本土博士生、聘用本土博士开展中国数据和中国问题研究的“回报”同样远不如直接聘用海外博士创造数量可观的国际顶级期刊发表指标来得更加直接有力。

回顾中国会计研究国际化进程之路，可以发现，从20世纪90年代中期起，一大批海内外学者费尽心力，推动中国会计研究国际化进程，试图改变中国会计研究早期“与中国相关”但“不科学”的落后状况，以更好地服务于中国的转型和发展。然而，在经历了国际化进程初期“科学化”和“与中国相关”并重的阶段后，后期的国际化进程越来越呈现出“科学化”但“与中国无关”的特点。国际化进程的这一剧烈变化，是不强调“与中国相关”、无条件地以国际顶级期刊论文发表数量作为最高追求的自然结果。这种最高追求，不仅激励了非中国数据和非中国问题的研究，也激励了以海外博士为师资来源的风气（部分高校甚至非海外博士不招），进而激励了大批学子赴海外求学以获取海外博士学位，而本土生活经验、社会阅历、制度背景等极难获得的“local knowledge”（本地知识）则被抛到九霄云外。这种最高追求，与近年来美国会计研究自身面临的思想贫乏、创新贫乏和脱离实践的弊端共同作用，使得从文献到文献、“连连看”式、跟风补缺式的研究日渐盛行，而对中国重要问题的思考和研究日渐凋零。

本文无意挑起本土博士与非本土博士之间、中国数据/问题研究与非中国数据/问题研究之间的“战争”。实际上，个人总是适应环境、趋利避害的，个人的选择往往是其适应环境的结果。我们的分析并不针对任何个人，而是希望揭示中国会计研究国际化进程存在的问题，促进对相关学术评价制度的改革，进而促使中国会计研究国际化进程在服务中国的转型和发展中发挥更加积极正面的作用。应当说，本文所分析的中国高校在国际五大会计期刊发表的论文，以及相应的在中国高校任职的作者代表了中国会计研究国际化的程度和水平。在良好的学术评价制度下，这些人力资源不仅可以相互取长补短，为中国问题研究、为中国的转型和发展做出更大贡献，也会对后来者产生积极的正面示范作用。然而，不得不说，流行于中国高校的只问国际顶级期刊发表数量、不问内容、不问是否与中国有关、不问学术影响的学术评价指挥棒，以及由此产生的研究激励和行政管理激励，连同美国和国际会计研究当前面临的种种困境一起，已经使得中国会计研究国际化进程背离了初衷。换言之，已经“南辕北辙”了[①]。

中国会计研究国际化进程面临的上述问题已为一些学者所关注。例如，杨雄胜（2012）指出，“中国会计研究应有历史使命感”。又如，陈冬华和李真（2015）指出中国会计研究建立自己的“乡土与城邦”的必要性。再如，李增泉（2017）指出了中国会计研究国际化进程中基于中国制度背景的理论建构的不足，提出了基于中国制度环境尤其是关系型交易环境和中国会计实践的理论建构逻辑。Wong（2017）指出，中国高校在国际顶级会计期刊（主要是美国的顶级会计期刊）发表论文的数量显著增长的同时，是求知精神的缺失，大量论文发表并非立足于解决中国的问题，未能建立帮助理解中国的理论，学者们也失去了探索新知识的激情。作为中国会计教授会的创始人、中国会计研究国际化进程的重要推动者，汤云为教授在2017年上海财经大学会计学院举办的博士论坛上善意提醒，不能唯实证，实证研究不能“走火入魔”。2018年11月，CJAR[②]创刊十周年暨2018年学术年会专门设立了“中国会计研究的困境与挑战”论坛，探讨中国会计研究的困境和出路。本文进一步通过相对客观且鲜明的数据对比，呼应和补充了上述反思。

实际上，不独是中国会计研究国际化进程，中国的管理学、经济学乃至整个哲学社会科学在国际化过程中，都面临着如何处理国际与本土关系、如何更好地开展国际化进程以服务于中国的转型和发展的问题（孙继伟和巫景飞 2011，林毅夫 2014，Barkema et al. 2015，蔡玉麟 2016，文一 2016，周南 2017，等等）。这一问题之所以重要，不仅是因为社会科学研究中“国情”的重要性，同时也是因为中国是一个独立自主的大国，具有独特的自然地理、人口社会、精神世界及政治、经济制度等方面的国情或条件。2016年5月17日，习近平总书记在哲学社会科学工作座谈会上的讲话中强调，“要按照立足中国、借鉴国外，挖掘历史、把握当代，关怀人类、面向未来的思路，着力构建中国特色哲学社会科学，在指导思想、学科体系、学术体系、话语体系等方面充分体现中国特色、中国风格、中国气派”[③]。近年来，国家和高校层面进一步强调“扎根中国大地办大学”“把论文写在祖国大地上”，也是对学术研究和人才培养服务于中国的转型与发展的深切呼唤。

作为中国哲学社会科学的一部分，中国会计研究在国际化进程中如何打破目前的“南辕北辙”局面，回到其初衷，更好地服务于中国的转型和发展，值得深思。

① 落后国家在学习先进国家时，有时难以分辨先进国家中的精华与糟粕，常常落入“生搬硬套”“南橘北枳”的陷阱。这种“学习”风险在中国会计研究国际化进程中也同样存在，演变到极致就会“南辕北辙”。

② CJAR：*China Journal of Accounting Research*，《中国会计学刊》。

③ 习近平. 在哲学社会科学工作座谈会上的讲话. http://www.xinhuanet.com//politics/2016-05/18/c_1118891128_3. htm，2016-05-17

七、结论、启示和政策建议

本文通过梳理中国会计研究二十余年来的国际化进程，发现中国高校在国际顶级会计期刊上发表的论文数量显著提升的同时，是本土性特征的显著下降和学术影响力的缺失。这种“南辕北辙”的局面，可能是中国高校盲目追求国际顶级期刊论文发表指标，而不问研究内容是否与中国相关、不问研究内容是否重要的结果。这样的“业绩”或“政绩”导向，加上海外评审人面临的关于中国重要问题和中国制度背景的严重信息不对称，使得中国高校的会计研究人员缺乏扎扎实实了解中国制度背景、思考和研究中国重要问题的激励。此外，近年来，政府部门设立的层出不穷的课题、头衔、奖项、人才计划等全行业学术荣誉和激励体系主导了论文发表后的二次学术评价，而这种二次学术评价由于各种信息不对称及各高校本位主义的政绩驱动，难以客观、公正地导向中国问题研究的学术贡献和影响，进一步扭曲了研究人员的激励。

针对以上局面，中国会计研究国际化进程要实现如其初衷的以科学研究方法研究中国问题的繁荣景象，除了极少数个体自愿的学术追求外，有必要在学术评价观念和制度上进行重大的改革。首先，国际顶级会计期刊实质上主要是美国的顶级会计期刊，这些期刊无论是读者取向、期刊需求，还是评审人群体的兴趣和能力，都难以有效地识别和刊载大量的关于中国重要问题的研究成果，因而中国高校不宜简单、机械地以在国际顶级会计期刊发表的论文数量作为学术评价的核心指标。其次，重要的研究既可能发表于国际顶级会计期刊，也可能发表于其他中英文期刊，包括会计学以外的其他学科期刊上，反过来，国际顶级会计期刊发表的论文也未必都是重要的，更未必是与中国有关的。中国会计学界要学会和实现从简单、粗暴地计算期刊等级和论文数量的形式导向的学术评价制度，转向以中国问题及研究的重要性、原创性和影响力为核心尺度的内容导向的学术评价制度①。唯如此，才能从制度上激励真正重要的中国问题原创研究，也才能激励莘莘学子和研究人员在学习借鉴国际上的科学研究方法、与海外学者合作研究的同时，回归对中国本土制度背景和中国本土重要问题的理解和思考，中国会计研究国际化进程才能真正服务于中国的转型和发展。最后，作为一个学术共同体，中国会计学界如何根据上述内容导向的学术评价制度，“核算”清楚过去二十余年来中国问题研究知识积累的来龙去脉，发展出自己的、类似美国会计学会“会计文献开创性贡献奖”“会计文献杰出贡献奖”等的学术贡献识别和认可机制，则是一个更大的挑战，但同时也是建立起尊重和激励重要研究的学术评价观念和制度的内在要求。

---

① Wong（2017）指出，重要的研究往往具有高影响力，如获得持续的学术引用、改变前人认知引起后续研究、跨学科（如影响一个以上学科）、与社会现实相关等特征。近年来，国家层面也意识到学术评价上的种种问题，提出了采用代表作制度开展学术评价。无疑，这是学术评价从形式导向转向内容导向的一个重要进步。

参 考 文 献

蔡玉麟. 2016. 也谈中国管理研究国际化和管理理论创新——向张静、罗文豪、宋继文、黄丹英请教. 管理学报，13（8）：1135-1149.

陈冬华，李真. 2015. 乡土与城邦. 会计研究，（1）：4-14.

李增泉. 2017. 关系型交易的会计治理——关于中国会计研究国际化的范式探析. 财经研究，43（2）：4-33.

林毅夫. 2014. 新结构经济学：反思经济发展与政策的理论框架（增订版）. 北京：北京大学出版社.

孙继伟，巫景飞. 2011. 论管理学界的研究方法迷失——实践迷失、客户迷失、价值迷失的继续研究. 管理学报，8（2）：164-172.

文一. 2016. 伟大的中国工业革命："发展政治经济学"一般原理批判纲要. 北京：清华大学出版社.

杨雄胜. 2012. 中国会计理论研究应有历史使命感. 会计研究，（2）：18-22.

周南. 2017. 一年土，二年洋，三年回头认爹娘. 管理学报，14（1）：20-22.

Ball R. 2001. Infrastructure requirements for an economically efficient system of public financial reporting and disclosure. Brookings-Wharton Papers on Financial Services：127-169.

Barkema H G，Chen X P，George G，et al. 2015. West meets East：new concepts and theories. Academy of Management Journal，58（2）：460-479.

Chapman C S. 2012. Framing the issue of research quality in a context of research diversity. Accounting Horizons，26（4）：821-831.

Chen K C W，Yuan H. 2004. Earnings management and capital resource allocation：evidence from China's accounting-based regulation of rights issues. The Accounting Review，79（3）：645-665.

DeFond M L，Wong T J，Li S. 1999. The impact of improved auditor independence on audit market concentration in China. Journal of Accounting and Economics，28（3）：269-305.

Demski J S. 2007. Is accounting an academic discipline? Accounting Horizons，21（2）：153-157.

Fellingham J C. 2007. Is accounting an academic discipline? Accounting Horizons，21（2）：159-163.

Hopwood A G. 2007. Whither accounting research? The Accounting Review，82（5）：1365-1374.

Jian M，Wong T J. 2010. Propping through related party transactions. Review of Accounting Studies，15（1）：70-105.

Moser D V. 2012. Is accounting research stagnant? Accounting Horizons，26（4）：845-850.

Wang Q，Wong T J，Xia L. 2008. State ownership，the institutional environment，and auditor choice：evidence from China. Journal of Accounting and Economics，46（1）：112-134.

Wong T J. 2017. How to publish China research in top US journals. PhD. seminars for Shanghai Jiao Tong University.

附表 1 1996~2016 年中国高校在国际五大会计期刊发表的论文列表

年份	论文标题	作者	期刊
1996	Bankruptcy classification errors in the 1980s：an empirical analysis of Altman's and Ohlson's models	Begley J；Jin M；Watts S	SRAS
1999	The impact of improved auditor independence on audit market concentration in China	DeFond M L；Wong T J；Li S H	JAE
2004	Earnings management and capital resource allocation: Evidence from China's accounting-based regulation of rights issues	Chen K C W；Yuan H Q	TAR
2005	Information uncertainty and expected returns	Jiang G H；Lee C M C；Zhang Y	RAS
2006	Performance，growth and earnings management	Lee C W J；Li L Y；Yue H	RAS
2008	State ownership，the institutional environment，and auditor choice：evidence from China	Wang Q；Wong T J；Xia L J	JAE
2008	The superiority and disciplining role of independent analysts	Gu Z Y；Xue J	JAE
2010	Association between borrower and lender state ownership and accounting conservatism	Chen H W；Chen J Z；Lobo G J；Wang Y Y	JAR
2010	Client importance，institutional improvements，and audit quality in China：an office and individual auditor level analysis	Chen S M；Sun S Y J；Wu D H	TAR
2010	Price divergence from fundamental value and the value relevance of accounting information	Fung S Y K；Su L N；Zhu X D	CAR
2011	Do acquirers disclose good news or withhold bad news when they finance their acquisitions using equity?	Ge R；Lennox C	RAS
2011	Effects of audit quality on earnings management and cost of equity capital：evidence from China	Chen H W；Chen J Z；Lobo G J；Wang Y Y	CAR
2011	Financial reporting quality and investment efficiency of private firms in emerging markets	Chen F；Hope O K；Li Q Y；Wang X	TAR
2011	Internal controls and conditional conservatism	Goh B W；Li D	TAR
2011	Investment growth and the relation between equity value，earnings，and equity book value	Hao S Q；Jin Q L；Zhang G C	TAR
2011	Relative firm profitability and stock return sensitivity to industry-level News	Hao S Q；Jin Q L；Zhang G C	TAR
2012	Challenges for implementation of fair value accounting in emerging markets：Evidence from China	He X J；Wong T J；Young D	CAR
2012	Earnings restatements and differential timeliness of accounting conservatism	Ettredge M；Huang Y；Zhang W N	JAE
2012	Hong Kong stock listing and the sensitivity of managerial compensation to firm performance in state-controlled Chinese firms	Ke B；Rui O；Yu W	RAS

续表

年份	论文标题	作者	期刊
2012	IFRS reporting，firm-specific information flows，and institutional environments：International evidence	Kim J B；Shi H N	RAS
2012	Influence activities and favoritism in subjective performance evaluation：evidence from Chinese state-owned enterprises	Du F；Tang G L；Young S M	TAR
2012	Leverage，excess leverage，and future returns	Caskey J；Hughes J；Liu J	RAS
2013	Auditor reporting under Section 404：the association between the internal control and going concern audit opinions	Goh B W；Krishnan J；Li D	CAR
2013	Does information asymmetry matter to equity pricing? Evidence from firms'geographic location	Ghoul S E L；Guedhami O；Yang N；Pittman J；Saadi S	CAR
2013	Employment protection legislation，adjustment costs and cross-country differences in cost behavior	Banker R D；Byzalov D；Chen L T	JAE
2013	Managerial incentives and management forecast precision	Cheng Q；Luo T；Yue H	TAR
2013	Monitors or predators：the influence of institutional investors on sell-side analysts	Gu Z Y；Li Z Q；Yong G Y	TAR
2013	Voluntary disclosure and information asymmetry：evidence from the 2005 securities offering reform	Shroff N；Sun A X；White H D；Zhang W N	JAR
2014	Did regulation fair disclosure，sox，and other analyst regulations reduce security mispricing?	Lee E；Strong N；Zhu Z M	JAR
2014	Does mandatory rotation of audit partners improve audit quality?	Lennox C；Wu X；Zhang T Y	TAR
2014	Executive pay-performance sensitivity and litigation	Dai Z；Jin L；Zhang W N	CAR
2014	Information and heterogeneous beliefs：cost of capital，trading volume，and investor welfare	Christensen P O；Qin Z J	TAR
2014	Tournaments of financial analysts	Yin H F；Zhang H	RAS
2014	When the use of positive language backfires：the joint effect of tone，readability，and investor sophistication on earnings judgments	Tan H T；Wang E Y；Zhou B	JAR
2014	Why do managers avoid eps dilution? Evidence from debt-equity choice	Rong H；Marquardt C A；Bo Z	RAS
2015	Accounting conservatism and street earnings	Heflin F；Hsu C；Jin Q L	RAS
2015	Ceo tenure and earnings management	Ali A；Zhang W N	JAE

续表

年份	论文标题	作者	期刊
2015	Economic freedom，investment flexibility，and equity value：a cross-country study	Chen C；Chen P F；Jin Q L	TAR
2015	Effect of concession-timing strategies in auditor-client negotiations：it matters who is using them	Sun Y；Tan H；Zhang J X	CAR
2015	Growth in residual income，short and long term，in the OJ model	Lai C	RAS
2015	How does readability influence investors'judgments? Consistency of benchmark performance matters	Tan H T；Wang E Y；Zhou B	TAR
2015	Performance commitments of controlling shareholders and earnings management	Hou Q C；Jin Q L；Yang R；Yuan H Q	CAR
2015	Shell games：the long-term performance of Chinese reverse-merger firms	Lee C M C；Li K K；Zhang R	TAR
2015	The effect of China's weak institutional environment on the quality of big 4 audits	Ke B；Lennox C；；Xin Q Q	TAR
2016	A potential benefit of increasing book-tax conformity：evidence from the reduction in audit fees	Kuo N T；Lee C F	RAS
2016	Accounting-based downside risk，cost of capital，and the macro economy	Konchitchki Y；Luo Y；Ma M L Z；Wu F	RAS
2016	Disciplining delegated monitors：when venture capitalists fail to prevent fraud by their IPO firms	Tian X；Udell G F；Yu X Y	JAE
2016	Do audit clients successfully engage in opinion shopping? Partner-level evidence	Chen F；Peng S L；Xue S；Yang Z F；Ye F T	JAR
2016	Earnings vs. stock-price based incentives in managerial compensation contracts	Bernardo A；Cai H B；Luo J	RAS
2016	Financial reporting quality of Chinese reverse merger firms：the reverse merger effect or the weak country effect?	Chen K C；Cheng Q；Lin Y C；Lin Y C；Xiao X	TAR
2016	Management team incentive：dispersion and firm performance	Bushman R M；Dai Z；Zhang W N	TAR
2016	On the benefits of audit market consolidation：evidence from merged audit firms	Gong Q H；Li O Z；Lin Y；Wu L S	TAR
2016	Seeing is believing：analysts'corporate site visits	Cheng Q；Du F；Wang X；Wang Y T	RAS
2016	The effect of audit adjustments on earnings quality：evidence from China	Lennox C；Wu X；Zhang T Y	JAE
2016	The information role of audit opinions in debt contracting	Chen P F；He S；Ma Z M；Stice D	JAE
2016	The role of visual attention in the managerial judgment of balanced-scorecard performance evaluation：insights from using an eye-tracking device	Chen Y S；Jermias J；Panggabean T	JAR

附表 2　2006~2016 年会计期刊 ESI 高被引论文列表（2016 年底数据）

年份	论文标题	作者	期刊	被引次数
2006	Earnings management through real activities manipulation	Roychowdhury S	JAE	255
2006	International differences in the cost of equity capital：do legal institutions and securities regulation matter?	Hail L；Leuz C	JAR	215
2007	Accounting information，disclosure，and the cost of capital	Lambert R；Leuz C；Verrecchia R E	JAR	257
2007	Accruals quality and internal control over financial reporting	Doyle J T；Ge W L；Mcvay S	TAR	154
2007	Corporate governance，accounting outcomes，and organizational performance	Larcker D F；Richardson S A；Tuna I	TAR	169
2008	Institutional rationality and practice variation：new directions in the institutional analysis of practice	Lounsbury M	AOS	123
2008	Revisiting the relation between environmental performance and environmental disclosure：an empirical analysis	Clarkson P M；Li Y；Richardson G D；Vasvari F P	AOS	209
2008	Annual report readability，current earnings，and earnings persistence	Li F	JAE	133
2008	State ownership，the institutional environment，and auditor choice：evidence from China	Wang Q；Wong T J；Xia L J	JAE	126
2008	International accounting standards and accounting quality	Barth M E；Landsman W R；Lang M H	JAR	203
2008	Mandatory IFRS reporting around the world：early evidence on the economic consequences	Daske H；Hail L；Leuz C；Verdi R	JAR	201
2008	Real and accrual-based earnings management in the pre-and post-sarbanes-oxley periods	Cohen D A；Dey A；Lys T Z	TAR	224
2008	The importance of distinguishing errors from irregularities in restatement research：the case of restatements and CEO/CFO	Hennes K M；Leone A J；Miller B P	TAR	143
2009	Making things the same：gases，emission rights and the politics of carbon markets	Mackenzie D	AOS	126
2009	Estimation and empirical properties of a firm-year measure of accounting conservatism	Khan M；Watts R L	JAE	107
2009	Do managers withhold bad news?	Kothari S P；Shu S；Wysocki P D	JAR	130
2009	The effect of sox internal control deficiencies on firm risk and cost of equity	Ashbaugh-Skaife H；Collins DW；Kinney WR；Lafond R	JAR	105
2010	Is accounting for sustainability actually accounting for sustainability…and how would we know?	Gray R	AOS	99
2010	A review of tax research	Hanlon M；Heitzman S	JAE	102
2010	Accrual-based and real earnings management activities around seasoned equity offerings	Cohen D A；Zarowin P	JAE	101
2010	On the use of instrumental variables in accounting research	Larcker D F；Rusticus T O	JAE	246
2010	The financial reporting environment：review of the recent literature	Beyer A；Cohen D A；Lys TZ；Walther B R	JAE	162

续表

年份	论文标题	作者	期刊	被引次数
2010	Understanding earnings quality：a review of the proxies，their determinants and their consequences	Dechow P；Ge W L；Schrand C	JAE	227
2010	Chief executive officer equity incentives and accounting irregularities	Armstrong C S；Jagolinzer A D；Larcker D F	JAR	111
2010	Propping through related party transactions	Jian M；WongT J	RAS	87
2010	Correcting for cross-sectional and time-series dependence in accounting research	Gow I D；Ormazabal G；Taylor D J	TAR	222
2011	Predicting material accounting misstatements	Dechow P M；Ge W L；Larson C R；Sloan R G	CAR	114
2011	Voluntary nonfinancial disclosure and the cost of equity capital：the initiation of corporate social responsibility reporting	Dhaliwal D S；Li O Z；Tsang A；Yang Y G	TAR	126
2012	Are IFRS-based and US GAAP-based accounting amounts comparable?	Barth M E；Landsman W R；Lang M；Williams C	JAE	44
2012	Equity risk incentives and corporate tax aggressiveness	Rego S O；Wilson R	JAR	44
2012	Evidence on the trade-off between real activities manipulation and accrual-based earnings management	Zang A Y	TAR	65
2012	Is earnings quality associated with corporate social responsibility?	Kim Y；Park M S；Wier B	TAR	51
2012	Nonfinancial disclosure and analyst forecast accuracy：international evidence on corporate social responsibility disclosure	Dhaliwal D S；Radhakrishnan S；Tsang A；Yang Y G	TAR	52
2012	Selection models in accounting research	Lennox C S；Francis J R；Wang Z T	TAR	114
2013	Earnings quality：evidence from the field	Dichev I D；Graham J R；Harvey C R；Rajgopal S	JAE	40
2013	Mandatory IFRS reporting and changes in enforcement	Christensen H B；Hail L；Leuz C	JAE	46
2013	Adopting a label：heterogeneity in the economic consequences around IAS/IFRS adoptions	Daske H；Hail L；Leuz C；Verdi R	JAR	57
2014	A review of archival auditing research	Defond M；Zhang J Y	JAE	29
2015	Incentives or standards：what determines accounting quality changes around IFRS adoption?	Christensen H B；Lee E；Walker M；Zeng C	EAR	8
2015	Auditor mindsets and audits of complex estimates	Griffith E E；Hammersley J S；Kadous K；Young D	JAR	7
2015	Inside the black box of sell-side financial analysts	Brown L D；Call A C；Clement MB；Sharp N Y	JAR	9
2016	Accounting conservatism and stock price crash risk：firm-level evidence	Kim J B；Zhang L	CAR	6

Moving in the Opposite Direction or Still Journeying? A Review of the Internationalization of China's Accounting Research

Lijun Xia[1] and Shan Wang[2]
1. Antai College of Economics and Management，Shanghai Jiao Tong University，Shanghai，China 200030
2. School of Accountancy，Zhongnan University of Economics and Law，Hubei，Wuhan，China 430073

Abstract：This paper reviews the internationalization process of China's accounting research since the mid of 1990s. Based on the publications in international top 5 accounting journals by universities in mainland China，we analyze the achievements and drawbacks of this internationalization process. We find that the number of publications in international top 5 accounting journals by universities in mainland China has greatly increased over the past two decades，suggesting that the internationalization process has made great achievements. However，there has been a significant decline in：（1）local characteristics in the process, as measured by the proportion of publications from authors with a Ph.D. from universities in mainland China，the proportion of publications using China data, and the proportion of publications focusing on important issues in China，and（2）the academic impact of the publications. Given that the objective of the internationalization process is to help the transition and development of Chinese economy by improving the quality of research on China issues with the help of scientific research methods，the decline in local characteristics and the academic impact of the publications suggests that the internationalization process has gone in the wrong direction. We propose to adopt a new academic evaluation system that encourages original and high-impact research on important issues in China.

Keywords：Accounting research in China；Internationalization；Academic evaluation

当代会计评论
第11卷第4辑
2018年

Contemporary Accounting Review
Vol.11 No.4
2018

行业学习效应对企业资本结构决策的影响*

唐亮　段玉
（东北师范大学商学院，吉林 长春 130117）

【摘要】 资本结构是否存在行业学习效应这一问题是重要且广泛的。由于外部环境不确定性、信息不完全性及管理者认识和能力的有限性等，企业出于获取信息、降低搜寻成本等动机，极有可能在进行资本结构决策时以行业内其他企业的资本结构为决策参考，即存在资本结构决策过程中的行业学习效应。本文基于 2007~2016 年 A 股（A-shares，人民币普通股票）上市公司财务数据，利用工具变量法解决内生性问题，对资本结构行业学习效应的存在性进行检验。进一步地，本文引入行业竞争程度和融资约束等行业特征变量，实证检验这一效应的影响因素。实证结果表明：企业资本结构与行业资本结构存在显著的正相关关系，同时，行业竞争程度和融资约束都会强化企业资本结构对行业资本结构的学习行为。

【关键词】 资本结构　学习效应　行业竞争程度　融资约束

一、引　言

资本结构决策对于公司的经营、发展及治理都是至关重要的，资本结构研究也是公司理财范畴的重点研究内容，并且在理论和实证方面都已经形成了显著的学术成果。资本结构反映着一个企业股权融资和债权融资的比例。资本结构决策，是企业在对边际税率、盈利水平、股利政策、代理成本、信号传递等多方面进行分析基础上的综合权衡过程。已有文献对于资本结构的研究主要分为两个方面，一是探究和检验资本结构的影响

---

* 唐亮，副教授，E-mail：tangl123@nenu.edu.cn。段玉，硕士研究生，E-mail：duany245@nenu.edu.cn。本文受到东北师范大学青年科研团队项目“媒体舆论、投资者情绪和上市公司反应机制研究”（1809105）资助；感谢中央财经大学梁上坤教授在《当代会计评论》2018 年春季学术研讨会上的深入点评和建设性修改意见，感谢厦门大学曲晓辉教授、刘峰教授、辛清泉教授等给予的宝贵评论和修改意见，感谢匿名审稿人的宝贵修改意见。

因素，二是分析和检验资本结构决策对企业价值、绩效等的影响（胡援成 2002，陈德萍和曾智海 2012，阮素梅等 2015）。与此同时，资本结构的动态调整愈发受到学者的关注（姜付秀和黄继承 2011，闵亮和邵毅平 2012，黄继承和姜付秀 2015，况学文等 2017），具体研究内容也主要围绕着上述两大主题。

对资本结构影响因素的研究，有利于完善企业资本结构的决策过程，提高资本结构与企业经营状况的适应度，可以有效支持企业未来投资和长期发展。现有研究已经探讨了宏观条件，如利率管制（唐国正和刘力 2005）、货币政策（马文超和胡思玥 2012）、法律环境（黄继承等 2014）、宏观经济周期（吴华强等 2015），行业环境，如行业竞争程度、行业成长性，以及企业微观特征，如企业生命周期（黄宏斌等 2016）、股权激励政策（盛明泉等 2016）、现金持有（胡援成等 2017）等因素对资本结构的影响。其中，在行业层面的资本结构决策相关研究主要集中在资本结构行业差异的存在性检验和行业特征对企业资本结构决策的影响两方面。随着行为金融学和管理者有限理性等研究领域的发展，“行为”的研究逐渐与企业财务决策研究相融合，越来越多的学者开始关注企业与企业之间决策的相关性。

回顾已有的研究，我们可以发现，在以往资本结构影响因素的探索过程中，研究者极大地忽略了企业资本结构决策受到相关企业资本结构决策影响的可能性。我们认为，企业处于行业集群的环境中，其所面对的产业政策、竞争环境及其他宏观条件的相似性，在很大程度上会导致企业的资本结构决策受到行业资本结构决策的影响，因此企业资本结构决策很可能是非独立的。在这一研究领域已有学者开始进行初步的探索（Leary and Roberts 2010，姜永盛等 2015，钟田丽和张天宇 2017，陆蓉等 2017），其研究内容主要集中在验证资本结构决策在行业内的相关性，并剖析这一相关性的存在机制、影响因素等具体特征。本文旨在进一步验证企业资本结构决策与行业资本结构水平的相关性并剖析其具体影响因素。我们认为，由于外部环境的不确定性、信息的不完全性、管理者认识和能力的有限性等，出于获取信息、降低成本及提高管理者声誉等方面的考虑，企业在进行资本结构决策时会以行业内其他企业的资本结构决策为参考，鉴于其主观能动性特征及信息获取动机，我们将这一行业内企业间资本结构决策相互参考的行为定义为企业资本结构决策的行业学习效应。进一步地，我们认为，这一学习效应在受到企业自身特征影响的同时，也会受其所属行业特征的调节作用。由此，本文引入行业竞争程度与融资约束条件，探讨其对资本结构行业学习效应的影响。

本文对企业资本结构和行业平均资本结构的关系进行了实证检验，为了解决行业平均资本结构和企业资本结构的内生性问题，参考Leary和 Roberts（2010）的研究，选择个股异质性回报率作为工具变量，并在此基础上扩展已有学者的研究成果，引入行业竞争程度和融资约束程度检验其对行业学习效应的影响，研究结果支持了学习效应的存在，且行业竞争程度与融资约束都显著强化了企业资本结构的行业学习效应。

本文其余部分安排如下：第二部分为文献回顾、理论分析与研究假设；第三部分为研究设计；第四部分为实证检验结果与分析；第五部分为研究结论。

二、文献回顾、理论分析与研究假设

（一）文献回顾

关于资本结构影响因素的研究已形成了大量学术成果。其中，关于行业因素对资本结构决策的影响，已有文献主要集中于两方面：一是对资本结构在不同行业内是否存在显著差异进行实证检验；二是探究行业特征，如行业集中度、行业成长性、行业生命周期等对企业资本结构的影响。Schwartz和Aronson（1967）将不同行业资本结构是否存在显著差异作为最优资本结构存在性研究的替代方法；郭鹏飞和孙培源（2003）实证研究了资本结构的行业特征，结果表明不同行业上市公司资本结构存在显著差异，约9.5%的上市公司间资本结构差异可以由所属行业的不同来进行解释，而同行业上市公司的资本结构则具有稳定性；丁晨和曹崇延（2005）验证了上市公司资本结构行业差异的显著性，认为行业竞争程度、风险性、行业结构、行业成长性等是资本结构行业差异的主要成因；徐莎（2010）实证检验了我国上市公司资本结构行业差异的显著性，结果表明不同行业上市公司资本结构存在稳定的显著差异，而同一行业上市公司的资本结构具有高度稳定性；杨广青和丁茜（2012）研究发现，行业特征是影响企业资本结构的重要因素，可以解释资本结构变异的9.67%的方差；Deangelo和Masulis（1980）认为公司的融资能力、税收及破产可能等因素都与其所处的行业相关联，因此企业所处的行业特征必然会在一定程度上影响企业的资本结构；赵蒲和孙爱英（2005）发现，处于行业生命周期不同阶段的上市公司资本结构存在显著差异，行业生命周期所处阶段能够有效、稳定地影响上市公司的资本结构；卢斌等（2014）的研究表明，产品市场竞争与企业的目标资本结构具有显著的负相关关系。

对于企业间行为相关性的研究，现有文献主要围绕“羊群效应”“模仿”“组织学习”等方面展开研究。实证结论表明，在企业信息披露（沈洪涛和苏高德 2012，蒋尧明和郑莹 2015）、机构投资者投资决策（李志文等 2010，蔡庆丰等 2011，许年行等 2013）、企业投资决策（张敦力和江新峰 2015）及基金市场（伍旭川和何鹏 2005，汤长安和彭耿 2014，路磊等 2014）、期货市场（田利辉等 2015）、股票市场（马丽 2016）等领域均存在明显的行业相关倾向；支晓强等（2014）研究发现，样本公司在设计股权激励方案时会模仿同行业或者同省（自治区、直辖市）已经采取股权激励制度的上市公司所施行的股权激励方案；陈仕华和卢昌崇（2013）在研究企业间高管联结对并购溢价决策行为的影响时发现，企业的并购溢价决策存在组织间模仿行为；王雷（2014）研究联合创业投资决策过程中的学习效应时发现，主导型创业投资公司根据跟随型创业投资公司对投资项目的评估信号修正先验概率，调整对项目的评估进而提高创业投资的成功率。而对于企业决策行为的“羊群效应”、“模仿”或者“组织”倾向，已有文献主要从获取管理者声誉（Scharfstein and Stein 1990）、获取决策信息（Bikhchandani et al. 1998）、降低搜寻成本（Cyert and March

1963）及行为的合法性（沈洪涛和苏亮德 2012）等几个方面进行了解释。

综上所述，我们认为，以往的研究在探讨行业环境对企业资本结构决策影响的过程中，忽视了行业内企业间决策相关性对企业资本结构决策可能产生的影响。由于外部环境的不确定性、信息的不完全性及管理者认知、能力的有限性等，企业出于获取外部信息、降低搜寻成本、增强行为合法性及维护管理层声誉等动机，很可能以具有相似竞争和制度环境的同行业企业的决策行为作为信息参考，并结合经营状况和预期发展目标，进行企业自身的资本结构决策，即企业资本结构的行业学习效应。同时，这一学习效应很可能会受到企业所属行业特征的影响。

（二）理论分析与假设

已有学者对企业资本结构决策与行业资本结构水平之间相关关系的存在性、形成机制及具体特征等方面进行了初步检验。Banerjee（1992）研究发现，投资者在不确定的信息环境下会选择忽略私有信息而模仿和跟随大众行动；连玉君和李丹（2006）认为上市公司经理人在确定目标资本结构时存在相对理性的"羊群行为"模式；朱武祥等（2014）在回顾资本结构研究中指出，为控制财务危机风险、维持较高的资信等级，企业通常参照行业平均资产负债率设定自身的资产负债率上限；Leary和Roberts（2010）认为，企业的融资决策过程是对同行业其他企业融资决策的回应过程，这种企业间相关性对资本结构的影响程度要远大于以往资本结构影响因素对资本结构的影响程度；姜永盛等（2015）对我国上市公司行业内企业间资本结构的相互关系进行了验证，得到与前者相似的结论；钟田丽和张天宇（2017）证实了我国上市公司资本结构、负债期限结构受同行业企业的影响，并且这种影响在方向、范围上表现出不对称性；陆蓉等（2017）在验证了同行业企业资本结构对企业资本结构影响的基础上，认为这一影响的存在动机是"管理者声誉考虑"和"管理者信息学习"，并且在竞争程度高、不确定性强及增长速度快的行业中，这一影响更为明显。

在已有文献的基础上进一步分析，我们认为，在探讨行业环境对企业资本结构决策影响的过程中，存在至少两种影响机制。第一，同行业企业处于相似的宏观、制度、竞争环境，导致同行业企业在进行资本结构决策时具有相似的外部信息环境，即具有相似的资本结构决策基础，这就直接导致同行业企业具有资本结构决策一致性的可能，已有文献将这种客观的外部环境相似性所导致的资本结构决策一致性称为"关联效应"；第二，外部环境的不确定性、管理层信息获取和认知的有限性、最优资本结构决策过程的未知性等，使得企业为提高资本结构决策的正确性，降低经营和发展风险，在进行资本结构决策过程中，会参照行业内其他企业的资本结构决策，从而间接导致同行业企业资本结构决策的一致性选择，即企业资本结构的行业学习效应。基于上述分析，我们提出假设1。

假设 1：在其他条件相同的情况下，企业资本结构与行业资本结构存在正相关关系。

姜付秀等（2008）认为，产品市场竞争、代理成本等行业特征及行业内公司特征之间存在的极大差异是造成行业内企业之间结构差异的主要原因。不同行业企业的资本结构具有显著差异，说明资本结构具有行业特征。考察同一行业内的不同企业可以发现，不同企业间资本结构同样存在着差异，而这种差异在不同行业中也表现出不同的特征，有的行业资本结构差异极小，企业间资本结构具有较大的相似性，有的行业资本结构差异极大，企业间资本结构具有较大的离散性。因此，我们认为行业内企业资本结构的相似性或离散性特征说明，企业资本结构的学习效应具有行业特征。由于行业竞争程度可以在一定程度上反映行业的代理成本、成长性和发展机会等行业特征的综合变量，本文选取行业竞争程度作为行业特征代理变量，检验其对企业资本结构决策的行业学习效应的影响。根据战略公司财务理论，在产品市场竞争较为激烈的行业中，企业更加注重经营和财务战略，为防止竞争对手采取策略性行为使得企业陷入财务困境，行业内企业间资本结构决策可能表现出一定的相似性（姜付秀等 2008）；根据行为金融理论，“随大流”是一种安全的策略选择，在产品市场竞争较为激烈的行业中，企业更倾向于采取跟随战略，模仿行业资本结构平均水平或者模仿领导企业资本结构（姜付秀等 2008）；根据代理成本理论，当存在较为严重的代理问题时，企业资本结构决策更多会受到管理者偏好的影响，从而加重行业内企业资本结构的离散程度，而产品市场竞争有利于降低代理成本（姜付秀等 2009）。因此，激烈的产品市场竞争环境可能促进企业资本结构决策的学习行为。基于上述分析，我们提出假设2。

假设 2：在其他条件相同的情况下，行业竞争程度会增强企业资本结构与行业资本结构的正相关关系。

黄继承和姜付秀（2015）在探讨产品市场竞争与资本市场结构调整速度之间的关系时发现，产品市场竞争越激烈，企业趋向目标资本结构调整的速度越快，而在融资约束程度较低的企业中，这一影响更为明显；卢斌等（2014）基于行业异质性研究不同行业融资约束、产品市场竞争与资本结构动态调整的关系时发现，对于融资约束较低的企业，产品市场竞争越激烈，实际资本结构与目标资本结构的偏离程度越小，当融资约束提高到某一点后，随着行业竞争程度的增加，实际资本结构与目标资本结构的偏离程度会增大，融资约束越严重，偏离幅度越显著。因此，我们可以清晰地意识到，企业资本结构决策不仅取决于“目标”，同时也受限于企业的融资能力。我们认为，在融资约束较小的行业，企业可能更容易完成资本结构的“学习”过程，从而促进行业资本结构决策的学习行为；在融资约束较大的行业，融资约束会限制企业资本结构决策向学习对象的调整。基于上述分析，我们提出假设3。

假设 3：在其他条件相同的情况下，融资约束会弱化企业资本结构与行业资本结构的正相关关系。

三、研 究 设 计

（一）样本选取与数据来源

本文数据来源于CSMAR数据库，选取沪深两市A股上市公司为研究样本，考虑到股权分置改革与新会计准则的施行，本文选取2007~2016年作为研究区间。财务指标数据源自公司财务报告数据与指标报告数据，并对原始数据进行如下筛选：①剔除金融类上市公司，包括银行、保险公司、信托公司及证券公司；②剔除ST（special treatment，特别处理）等经过特殊处理的上市公司；③由于工具变量的选择需要36个月的历史数据进行滚动计算，剔除上市时间小于等于4年的上市公司；④剔除行业内公司数量少于10家的情况；⑤剔除财务和交易数据存在缺失及异常的样本。考虑到样本的充足性，本文采取中国证券监督管理委员会2012年行业划分标准中的一级行业分类标准进行行业划分。最终本文获得1 515家上市公司10年的数据，共计10 494个观测值。

（二）变量定义

1. 主要变量定义

借鉴Leary和Roberts（2010）及已有资本结构的相关研究，本文采用账面价值和市场价值两种方法度量资本结构。前者为企业负债账面价值与总资产账面价值的比率，后者为企业负债账面价值与总资产市场价值的比率。在检验资本结构决策行业学习效应存在性的过程中，我们构建均值类指标——行业内除企业自身外其他企业资本结构均值和行业内除企业自身外其他企业微观特征均值作为资本结构决策行业“学习目标”，并且参照相关资本结构理论和实证研究，选取企业规模、有形资产比率、流动比率、股权集中度、市值账面比、成长性及营利能力等七个微观特征指标，作为资本结构决策的控制变量。

2. 行业市场竞争与融资约束

已有文献通常采用行业集中度、行业内企业数量等指标度量行业竞争程度。参考已有文献，本文选取赫芬达尔-赫希曼指数（Herfindahl Hirschmann index，HHI）作为行业竞争程度的代理指标，通过计算行业内所有企业市场份额的平方和得到，具体公式如下：

$$\mathrm{HHI}_i = \sum_{j=1}^{n}\left(X_j \Big/ \sum_{j=1}^{n} X_j\right)^2 \quad (1)$$

其中，HHI_i表示行业i的行业竞争程度，HHI越小，行业竞争越激烈；X_j表示i行业中j企业的市场份额；n表示i行业中的企业个数。

已有文献通常采用单个指标、综合指标、多指标组合及事件实验法等方法对融资约束进行度量。其中，单个指标中最早采用公司规模度量融资约束，认为融资约束会随着企业规模的增加而减小；Fazzari等（1998）提出股利支付水平衡量方法，认为当存在较高的外部融资成本时，企业会最大限度地利用内部资金从而降低股利支付水平。综合指标中有利用公司层面特征有序逻辑回归得到的KZ指数（Kaplan and Zingales 1995）及构建含融资摩擦的跨期投资组合模型得到的WW指数（Whited and Wu 2006）等。多指标组合则根据特定的研究内容将所有权制度、股利支付水平、地方融资政策等引入融资约束的度量中。

在已有研究的基础上综合考虑，本文依据Kaplan和Zingales（1995）构建KZ指数的方法，使用序数Logistic（ordered logistic）模型对企业现金持有、经营现金净流量、股利、资本结构和Tobin's Q进行回归，根据回归参数计算KZ指数估计值，KZ指数越高则企业面临的融资约束越大。考虑到我国企业在融资约束问题上独有的差异，本文借鉴李君平和徐龙炳（2015）的方法，根据模型的拟合结果对解释变量进行调整，最终得到拟合效果最好的估计值，利用2007~2016年的数据构建的四因子KZ指数，具体计算公式如下：

$$\begin{aligned} KZ= & -9.15\times \text{货币资金/总资产}-12.582\times \text{经营现金流量净额/总资产} \\ & -7.907\times \text{现金股利}+5.077\times \text{资产负债率} \end{aligned} \quad (2)$$

计算得到KZ指数后，对企业的KZ指数进行排序，选取三分位数将企业分为高融资约束企业（KZ=1）、中融资约束企业（KZ=0）和低融资约束企业（KZ=-1）三组。

在表1中，我们列示了各变量的代码和具体定义。

表1 相关变量说明

变量	简写代码	变量定义（来源）
资产负债率（账面）	Book Leverage	企业负债账面价值除以总资产账面价值
资产负债率（市场）	Market Leverage	企业负债账面价值除以总资产市场价值
行业资本结构	Peer Leverage	行业（除企业自身）资产负债率（账面、市场）均值
行业企业规模	Peer Size	行业（除企业自身）企业规模均值
行业有形资产	Peer Tangibility	行业（除企业自身）有形资产均值
行业流动比率	Peer Flow	行业（除企业自身）流动比率均值
行业股权集中度	Peer Shareholding	行业（除企业自身）股权集中程度均值
行业市值账面比	Peer Market-Book Ratio	行业（除企业自身）市值账面比均值
行业成长性	Peer Growth	行业（除企业自身）成长性均值
行业营利性	Peer Profitability	行业（除企业自身）营利能力均值
企业规模	Size	企业总资产的自然对数
有形资产比率	Tangibility	企业固定资产净额/总资产
流动比率	Flow	流动资产/流动负债
股权集中度	Shareholding	第一大股东持股比例的平方和（H指数[1)]）
市值账面比	Market-Book Ratio	总市值/总资产
成长性	Growth	企业营业利润增长率连续三年的算术平均值
营利能力	Profitability	息税折旧摊销前利润/总资产
行业竞争程度	HHI	赫芬达尔-赫希曼指数
融资约束	KZ	依据Kaplan和Zingales（1995）构建的融资约束指数

1）H 指数指 Herfindahl 指数

（三）工具变量选择

本文旨在检验企业资本结构决策的行业学习效应的存在性，并在此基础上探索这一效应的影响因素。我们认为，企业资本结构决策与行业资本结构水平之间具有较强相关性的原因至少有两方面。第一，处于同一行业内的企业具有相似的外部环境，即具有相似的决策信息基础，这就导致处于同一行业企业的资本结构决策具有客观的一致性，已有文献将这种资本结构决策一致性倾向称为资本结构决策的关联效应；第二，企业在进行资本结构决策时对行业内其他企业资本结构决策的参照,即资本结构的行业学习效应。我们在验证这种学习效应存在性的过程中，以企业资本结构为被解释变量，以资本结构行业水平为解释变量，得到的回归系数是两种效应的加总。也就相当于将学习效应作为解释变量探究其与企业资本结构决策相关关系时,存在不可测算的遗漏变量(关联效应)，与解释变量相关，使得估计结果有偏差；同时，企业资本结构与行业资本结构平均水平具有反向因果关系，行业平均水平会影响企业资本结构决策，企业资本结构也会影响行业资本结构平均水平。由此，在检验企业资本结构决策与行业资本结构平均水平之间的相关关系时，存在内生性问题。参照已有研究文献，我们利用工具变量对上述因果关系进行识别，以克服内生性问题的影响。

参考Leary和Roberts（2010）等已有文献，本文采用包含行业因素的资本资产定价模型构建股票收益异质性波动作为工具变量，具体模型如下：

$$r_{ijt}=\alpha+\beta_{ijt}^{M}\left(\mathrm{rm}_t-\mathrm{rf}_t\right)+\beta_{ijt}^{\mathrm{IND}_i}\left(\overline{r}_{-ijt}-\mathrm{rf}_t\right)+\varepsilon_{ijt} \tag{3}$$

$$\varepsilon_{ijt}=r_{ijt}-\hat{r}_{ijt} \tag{4}$$

其中，α表示截距项；rm_t表示市场收益；rf_t表示风险收益；$\left(\mathrm{rm}_t-\mathrm{rf}_t\right)$表示市场收益溢价；$\left(\overline{r}_{-ijt}-\mathrm{rf}_t\right)$表示行业收益溢价；$\overline{r}_{-ijt}$表示$i$行业内除企业$j$外其他企业的股票收益均值；通过计算市场溢价系数$\beta_{ijt}^{M}$和行业溢价系数$\beta_{ijt}^{\mathrm{IND}_i}$对股票预期收益进行估计得到$\hat{r}_{ijt}$；股票实际收益与预期收益的差值即股票收益异质性波动ε_{ijt}。理论上，股票收益异质性波动反映了和行业无关的个体风险，而企业资本结构则和异质性波动所代表的个体风险相关，满足了外生性和相关性的要求，弱工具变量检验和外生性检验也证明了这一点。进一步地，本文的工具变量计算采取36个月窗口期，通过前36个月的股票收益月度数据估计β系数，并不断滚动到最近一年。对于企业j而言，行业内其他企业股票收益波动即行业内除企业j外其他企业股票收益异质性波动的平均值。

（四）模型设定

1. 基本模型：资本结构行业学习效应存在性检验

参考Leary和Roberts（2010）、钟田丽和张天宇（2017）等已有文献的研究方法，本文的基本面板回归模型如下：

$$y_{ijt}=\alpha+\beta\overline{y}_{-ijt(-1)}+\gamma'\overline{X}_{-ijt}+\lambda'X_{ijt}+\delta'u_j+\varphi'V_t+\varepsilon_{ijt} \tag{5}$$

其中，被解释变量y_{ijt}表示i行业j企业在t年的资本结构；$\overline{y}_{-ijt(-1)}$表示i行业t年与t–1年，即滞后一期的行业资本结构平均水平；$\overline{X}_{-ijt}$表示行业资本结构决定因素，是i行业t年的公司特征平均值；X_{ijt}表示i行业j企业在t年的公司特征；μ_j和V_t分别表示行业和年度固定效应。其中，若系数β和γ'显著，说明行业资本结构对企业资本结构决策具有显著影响；若系数λ'显著，说明企业特征对企业资本结构决策具有显著影响。

根据基本理论模型，本文将检验资本结构决策的行业学习效应存在性的模型设定为

$$\begin{aligned}\text{Market}(\text{Book})\text{Leverage}_{ijt} = {} & \alpha+\beta\text{Peer Leverage}_{-ijt(-1)}+\gamma_1\text{Peer Size}_{-ijt}\\ & +\gamma_2\text{Peer Tangibility}_{-ijt}+\gamma_3\text{Peer Flow}_{-ijt}\\ & +\gamma_4\text{Peer Shareholding}_{-ijt}+\gamma_5\text{Peer Market - Book Ratio}_{-ijt}\\ & +\gamma_6\text{Peer Growth}_{-ijt}+\gamma_7\text{Peer Profitability}_{-ijt}+\lambda_i\sum\text{Controls}_{ijt}\\ & +\delta' u_j+\varphi' v_t+\varepsilon_{ijt}\end{aligned}\tag{6}$$

其中，以资本结构的市场价值与账面价值为被解释变量，以行业资本结构水平及滞后一期的行业资本结构水平等为解释变量，检验资本结构决策的行业学习效应的存在性。

2. 行业特征对资本结构行业学习效应的影响

我们认为行业特征会对资本结构的行业学习效应产生影响，并引入行业竞争程度和融资约束探究其对这一学习效应的影响。为检验假设2和假设3，我们分别构建如下两个回归模型：

$$\begin{aligned}\text{Market}(\text{Book})\text{Leverage}_{ijt} = {} & \alpha+\beta_1\text{Peer Leverage}_{-ijt}+\beta_2\text{HHI}+\beta_3\text{Peer Leverage}_{-ijt}\times\text{HHI}\\ & +\gamma_1\text{Peer Size}_{-ijt}+\gamma_2\text{Peer Tangibility}_{-ijt}+\gamma_3\text{Peer Flow}_{-ijt}\\ & +\gamma_4\text{Peer Shareholding}_{-ijt}+\gamma_5\text{Peer Market - Book Ratio}_{-ijt}\\ & +\gamma_6\text{Peer Growth}_{-ijt}+\gamma_7\text{Peer Profitability}_{-ijt}+\lambda_i\sum\text{Controls}_{ijt}\\ & +\delta' u_j+\varphi' v_t+\varepsilon_{ijt}\end{aligned}\tag{7}$$

$$\begin{aligned}\text{Market}(\text{Book})\text{Leverage}_{ijt} = {} & \alpha+\beta_1\text{Peer Leverage}_{-ijt}+\beta_2\text{KZ}+\beta_3\text{Peer Leverage}_{-ijt}\times\text{KZ}\\ & +\gamma_1\text{Peer Size}_{-ijt}+\gamma_2\text{Peer Tangibility}_{-ijt}+\gamma_3\text{Peer Flow}_{-ijt}\\ & +\gamma_4\text{Peer Shareholding}_{-ijt}+\gamma_5\text{Peer Market - Book Ratio}_{-ijt}\\ & +\gamma_6\text{Peer Growth}_{-ijt}+\gamma_7\text{Peer Profitability}_{-ijt}+\lambda_i\sum\text{Controls}_{ijt}\\ & +\delta' u_j+\varphi' v_t+\varepsilon_{ijt}\end{aligned}\tag{8}$$

四、实证检验结果与分析

（一）描述性统计

表2为各变量的描述性统计结果。观察表2可以发现，Book Leverage的均值为0.478 9，最小值为0.007 1，最大值为0.994 7，且标准差仅为0.191 6。由此，我们可以发现，样本公司资本结构的账面价值呈现不均匀分布且存在右偏的倾向，同理，Market Leverage也有相似结论。由企业资本结构右偏分布这一统计结果，我们认为，资本结构存在聚集的

可能性，也就是说，企业在进行资本结构决策时存在一致性选择的倾向。因此，我们认为，可能存在资本结构的行业学习效应，即企业在进行资本结构决策时很可能以行业内其他企业的资本结构决策为参考依据。

表2 变量的描述性统计

变量	均值	标准差	最小值	最大值
Book Leverage	0.478 9	0.191 6	0.007 1	0.994 7
Market Leverage	0.296 4	0.205 7	0.002 0	0.920 6
Peer Leverage（Book Leverage）	0.452 1	0.079 4	0.283 7	0.710 6
Peer Leverage（Market Leverage）	0.272 6	0.100 8	0.074 5	0.598 9
Peer Size	22.231 0	0.593 8	20.722 0	24.277 0
Peer Tangibility	0.409 3	0.072 9	0.122 4	0.645 9
Peer Flow	2.272 9	0.732 0	0.768 5	6.300 0
Peer Shareholding	36.411 0	3.902 3	24.884 0	53.468 0
Peer Market-Book Ratio	2.442 0	0.826 8	1.158 1	6.934 9
Peer Growth	0.685 8	3.763 7	−3.630 3	33.413 0
Peer Profitability	0.014 8	0.012 4	0.002 4	0.282 0
Size	22.347 0	1.263 6	19.199 0	28.509 0
Tangibility	0.422 7	0.176 7	0.000 03	0.970 9
Flow	1.864 7	2.309 5	0.038 5	88.727 0
Shareholding	35.443 0	15.213 0	3.390 4	86.347 0
Market-Book Ratio	2.345 4	1.713 2	0.602 3	31.565 0
Growth	0.583 2	11.438 0	−277.410 0	288.040 0
Profitability	0.014 7	0.061 2	−0.044 8	3.255 1

图1和图2分别为样本中各行业2016年Market Leverage和Book Leverage的典型核密度估计图。可以发现，Market Leverage和Book Leverage数据都存在着聚集的现象，我们认为，这种聚集现象的背后很可能包含资本结构的行业学习效应。

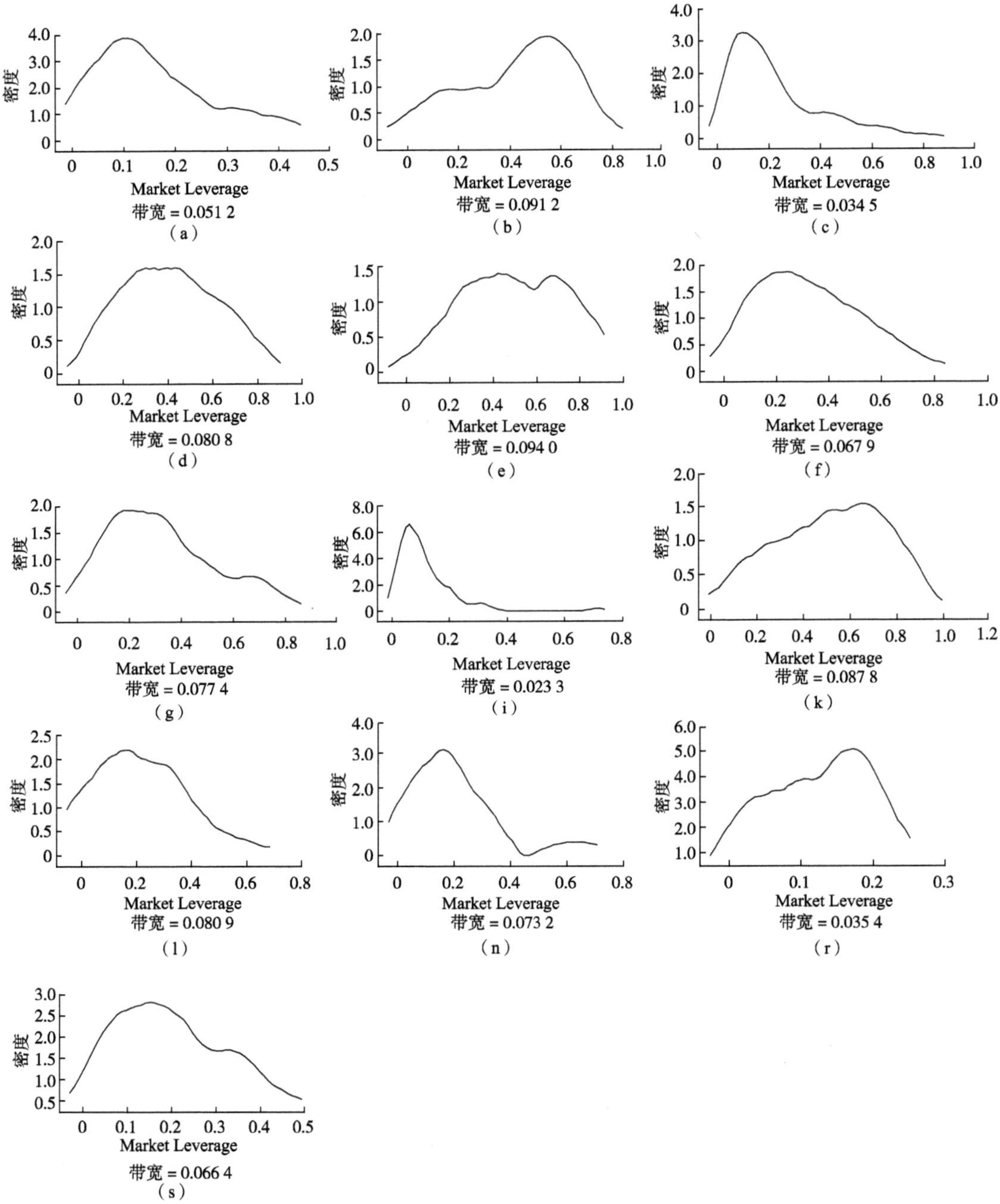

图1 Market Leverage核密度估计

括号内字母表示中国证券监督管理委员会行业分类

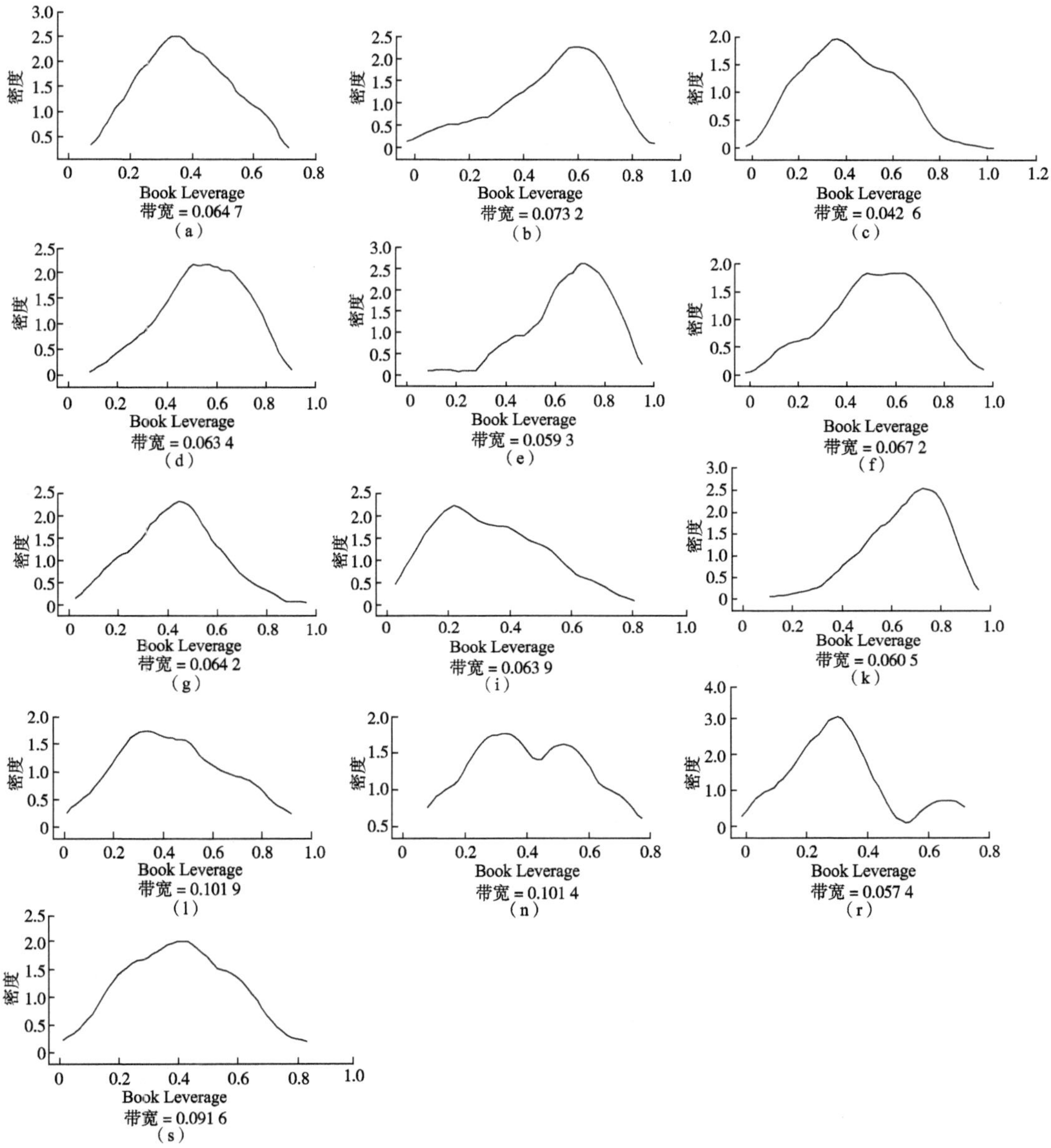

图2 Book Leverage核密度估计

括号内字母表示中国证券监督管理委员会行业分类

表3和表4分别为Book Leverage和Market Leverage在不同行业内的单因素方差分析结果。结果显示行业间资本结构存在显著差异，结合核密度估计结果，这为资本结构行业学习效应的存在性和行业特征可能影响资本结构的行业学习行为提供了可能性。

表3 Book Leverage单因素方差分析

差异源	平方和	自由度	均方	F值	Prob>F
组间	48.309	12	4.026	125.97	0
组内	355.890	11 136	0.032		
总计	404.199	11 148	0.036		

表4 Market Leverage单因素方差分析

差异源	平方和	自由度	均方	*F*值	Prob>*F*
组间	65.099	12	5.425	150.29	0
组内	401.970	11 136	0.036		
总计	467.069	11 148	0.042		

（二）回归结果与分析

1. 资本结构行业学习效应存在性检验

表5和表6报告了模型（6）的回归分析结果，以对假设1进行检验。表5和表6分别检验了Market Leverage和Book Leverage与行业资本结构水平之间的相关关系。其中，第（1）~（3）列为企业资本结构与当期（*t*期）行业资本结构平均水平的检验结果，第（4）~（6）列为企业资本结构与滞后一期（*t*–1期）的行业资本结构平均水平的检验结果。同时，第（1）列和第（4）列为仅包含行业资本结构水平变量的模型，第（2）列和第（5）列进一步加入了企业自身微观特征变量作为控制变量，第（3）列和第（6）列则进一步在解释变量中引入了行业微观特征均值水平变量。可以发现，无论是Market Leverage还是Book Leverage作为被解释变量，Peer Leverage的系数均在0.01的水平上显著为正值，即企业资本结构与当期行业资本结构平均水平呈显著的正相关关系。与此同时，Book Leverage与滞后一期的行业资本结构平均水平也存在着显著的正相关关系，而Market Leverage与滞后一期的行业资本结构平均水平之间的相关关系并不一致也并不完全具有显著性。总体来看，行业资本结构的当期学习效应更显著且一致，对滞后一期行业资本结构的学习效应则并不一致，后文表7~表10的估计结果也证明了这一点。

表5 Market Leverage行业学习效应存在性检验（不考虑工具变量）

变量	Market Leverage					
	（1）	（2）	（3）	（4）	（5）	（6）
Peer Leverage	1.060 7***	0.817 6***	0.910 4***			
	（66.09）	（52.62）	（33.14）			
Peer Leverage（*t*–1）				0.008 4	–0.020 0	–0.061 0***
				（0.46）	（–1.27）	（–3.62）
Peer Size			–0.087 7***			–0.056 0***
			（–18.91）			（–9.39）
Peer Tangibility			–0.115 9**			0.120 2*
			（–2.20）			（1.85）
Peer Flow			0.010 1***			–0.010 0***
			（4.40）			（–3.81）
Peer Shareholding			0.001 1			0.005 9***
			（1.45）			（6.04）
Peer Market-Book Ratio			0.003 4			–0.053 0***
			（1.47）			（–30.39）

续表

变量	Market Leverage					
	（1）	（2）	（3）	（4）	（5）	（6）
Peer Growth			0.000 3			0.000 3
			（1.04）			（1.11）
Peer Profitability			−0.006 0			−0.131 0*
			（−0.09）			（−1.70）
Size		0.058 8***	0.101 7***		0.045 2***	0.099 7***
		（34.32）	（41.04）		（20.91）	（34.65）
Tangibility		0.134 8***	0.122 7***		0.159 7***	0.135 8***
		（14.67）	（13.71）		（14.10）	（13.15）
Flow		−0.006 9***	−0.007 0***		−0.008 0***	−0.007 5***
		（−12.98）	（−12.80）		（−11.04）	（−11.62）
Shareholding		0.000 4***	−0.000 2		0.001 0***	0
		（2.56）	（−1.42）		（5.05）	（0.21）
Market-Book Ratio		−0.020 7***	−0.016 0***		−0.040 4***	−0.019 8***
		（−27.45）	（−20.36）		（−44.32）	（−20.30）
Growth		−0.000 1*	−0.000 4***		−0	−0.000 4***
		（−1.79）	（−4.60）		（−0.36）	（−4.34）
Profitability		−0.069 8***	−0.067 8***		−0.033 0**	−0.052 0***
		（−4.83）	（−4.84）		（−2.04）	（−3.56）
α	0.007 3	−1.249 1***	−0.292 3***	0.309 0***	−0.694 0***	−0.775 0***
	（1.63）	（−30.83）	（−2.70）	（59.48）	（−13.76）	（−5.14）
Industry	控制	控制	控制	控制	控制	控制
Year	控制	控制	控制	控制	控制	控制
R^2	0.221 0	0.577 6	0.621 4	0.103 7	0.560 6	0.565 2
F值	23.68***	12.66***	12.59***	19.61***	10.49***	12.52***
N	10 494	10 494	10 494	8 979	8 979	8 979

*、**、***分别表示显著性水平为 0.1、0.05 和 0.01

注：OLS（ordinary least squares，普通最小二乘法）回归模型的括号内为 t 值

表6 Book Leverage行业学习效应存在性检验（不考虑工具变量）

变量	Book Leverage					
	（1）	（2）	（3）	（4）	（5）	（6）
Peer Leverage	0.249 7***	0.267 8***	0.448 2***			
	（6.04）	（7.02）	（8.08）			
Peer Leverage（t−1）				0.107 0***	0.160 0***	0.183 5***
				（2.56）	（4.12）	（4.19）
Peer Size			−0.058 5***			−0.050 5***
			（−11.97）			（−8.92）
Peer Tangibility			0.066 7			0.107 0
			（1.12）			（1.58）
Peer Flow			0.013 5***			0.006 5**
			（5.21）			（2.44）
Peer Shareholding			0.001 7**			0.003 0***
			（2.09）			（3.37）

续表

变量	Book Leverage					
	(1)	(2)	(3)	(4)	(5)	(6)
Peer Market-Book Ratio			0.000 5			−0.000 9
			(0.32)			(−0.52)
Peer Growth			0.000 1			0.000 2
			(0.50)			(0.67)
Peer Profitability			−0.037 0			−0.025 0
			(−0.49)			(−0.33)
Size		0.043 5***	0.079 0***		0.039 0***	0.073 6***
		(24.45)	(30.40)		(19.83)	(25.81)
Tangibility		0.153 4***	0.138 8***		0.146 0***	0.129 8***
		(16.11)	(14.79)		(14.10)	(12.67)
Flow		−0.014 7***	−0.014 4***		−0.017 0***	−0.016 3***
		(−26.51)	(−26.58)		(−25.41)	(−25.43)
Shareholding		0.000 8***	0.000 2		0.000 8***	0.000 3
		(4.90)	(1.38)		(4.57)	(1.49)
Market-Book Ratio		−0.005 0***	−0.001 7***		−0.007 0***	−0.002 3**
		(−7.14)	(−2.01)		(−8.10)	(−2.36)
Growth		−0.000 1	−0.000 3***		−0.000 2**	−0.000 3***
		(−1.59)	(−3.78)		(−2.02)	(−4.17)
Profitability		−0.046 4***	−0.046 6***		−0.024 8*	−0.026 2*
		(−3.10)	(−3.17)		(−1.68)	(−1.80)
α	0.366 0***	−0.666 0***	−0.343 4***	0.437 0***	−0.510 0***	−0.317 0**
	(19.57)	(−14.44)	(−3.08)	(23.05)	(−10.07)	(−2.34)
Industry	控制	控制	控制	控制	控制	控制
Year	控制	控制	控制	控制	控制	控制
R^2	0.113 7	0.401 9	0.392 8	0.109 4	0.403 9	0.368 7
F值	23.84***	15.98***	15.92***	23.97***	15.71***	15.78***
N	10 494	10 494	10 494	8 979	8 979	8 979

*、**、***分别表示显著性水平为 0.1、0.05 和 0.01

注：OLS 回归模型的括号内为 t 值

考虑到内生性问题，本文以股票收益的异质性波动为工具变量，对模型（6）进行再次估计，以进一步检验假设1。并且，为了进一步减弱遗漏变量所产生的内生性问题，在回归分析原变量的同时，进行了一阶差分回归分析。

表7报告了以Market Leverage为被解释变量，以股票收益的异质性波动为工具变量的模型（6）的回归分析结果。可以发现，在逐步引入企业自身微观变量和行业微观特征的情况下，Peer Leverage的系数始终在0.01的水平上显著为正值，而Market Leverage与滞后一期的行业资本结构水平之间的相关关系并不清晰，表明企业资本结构决策与当期行业资本结构水平存在显著的正相关关系，企业在进行资本结构决策时，会以当期行业内其他企业的资本结构选择为决策参考。同时，表8一阶差分回归结果中Peer Leverage的系数在0.01的水平上显著为正值，进一步表明了当期行业资本结构水平的变动会引起企业资本结构的同向变动。因此，假设1得到验证，企业资本结构与行业资本结构存在正相关关系。

表7 Market Leverage行业学习效应存在性检验（考虑工具变量）

变量	Market Leverage					
	(1)	(2)	(3)	(4)	(5)	(6)
Peer Leverage	1.002 7***	1.330 1***	1.303 0***			
	(27.33)	(37.32)	(13.67)			
Peer Leverage (t−1)				0.020 4	0.102 8***	−0.143 7***
				(0.63)	(4.18)	(−5.56)
Peer Size			−0.106 7***			−0.045 9***
			(−16.56)			(−7.15)
Peer Tangibility			−0.262 0***			0.187 5***
			(−4.15)			(2.80)
Peer Flow			0.016 8***			−0.011 6***
			(6.01)			(−4.37)
Peer Shareholding			−0.000 9			0.007 9***
			(−0.96)			(7.26)
Peer Market-Book Ratio			0.029 7***			−0.052 1***
			(4.54)			(−29.33)
Peer Growth			0.000 2			0.000 4
			(0.56)			(1.20)
Peer Profitability			0.093 0			−0.181 0**
			(1.22)			(−2.32)
Size		0.058 1***	0.101 6***		0.043 3***	0.100 5***
		(32.03)	(40.53)		(19.77)	(34.80)
Tangibility		0.124 8***	0.119 0***		0.155 7***	0.136 0***
		(12.80)	(13.13)		(13.67)	(13.17)
Flow		−0.007 0***	−0.006 0***		−0.008 0***	−0.007 5***
		(−12.57)	(−12.19)		(−10.93)	(−11.64)
Shareholding		0.000 1	−0.000 3*		0.000 9***	0.000 1
		(0.47)	(−1.76)		(4.53)	(0.35)
Market-Book Ratio		−0.010 4***	−0.015 7***		−0.040 7***	−0.019 8***
		(−10.23)	(−19.70)		(−44.41)	(−20.21)
Growth		−0.000 2**	−0.000 3***		−0	−0.000 4***
		(−2.16)	(−4.50)		(−0.19)	(−4.45)
Profitability		−0.082 5***	−0.065 0***		−0.032 7**	−0.053 1***
		(−5.38)	(−4.60)		(−2.02)	(−3.61)
α	0.023 1**	−1.382 0***	0.078 8	0.306 0***	−0.679 4***	−1.094 0***
	(2.30)	(−31.64)	(0.57)	(34.32)	(−13.40)	(−6.48)
Industry	控制	控制	控制	控制	控制	控制
Year	控制	控制	控制	控制	控制	控制
R^2	0.221 0	0.496 4	0.621 4	0.103 7	0.574 5	0.549 6
F值	23.61***	11.37***	12.32***	18.86***	10.17***	12.39***
N	10 494	10 494	10 494	8 979	8 979	8 979

*、**、***分别表示显著性水平为 0.1、0.05 和 0.01

注：OLS 回归模型的括号内为 z 值。弱工具变量检验 Cragg-Donald Wald F 值表明，股票异质性波动通过了弱工具变量检验

表8 Market Leverage行业学习效应存在性一阶差分检验（考虑工具变量）

变量	Market Leverage					
	（1）	（2）	（3）	（4）	（5）	（6）
Peer Leverage	1.115 0***	1.075 6***	1.139 0***			
	（71.76）	（59.50）	（26.51）			
Peer Leverage（t−1）				−0.273 0***	−0.195 0***	−0.232 2***
				（−16.40）	（−13.10）	（−13.63）
Peer Size			−0.122 5***			−0.128 6***
			（−8.32）			（−6.66）
Peer Tangibility			−0.210 9***			0.244 8***
			（−3.60）			（3.63）
Peer Flow			0.008 5***			−0.014 0***
			（3.92）			（−5.49）
Peer Shareholding			0.000 4			0.007 4***
			（0.47）			（6.02）
Peer Market-Book Ratio			0.009 8***			−0.045 5***
			（3.38）			（−31.89）
Peer Growth			0.000 2			0.000 1
			（0.81）			（0.51）
Peer Profitability			−0.003 4			0.038 0
			（−0.07）			（0.72）
Size		0.101 5***	0.100 3***		0.080 0***	0.100 8***
		（31.44）	（31.32）		（20.40）	（27.89）
Tangibility		0.079 0***	0.079 0***		0.104 6***	0.090 9***
		（8.52）	（8.56）		（8.89）	（8.47）
Flow		−0.003 4***	−0.003 5***		−0.003 8***	−0.003 5***
		（−8.59）	（−8.81）		（−7.30）	（−7.48）
Shareholding		0.000 3	0.000 3*		0.000 7***	0.000 3*
		（1.54）	（1.69）		（3.14）	（1.71）
Market-Book Ratio		−0.005 0***	−0.006 5***		−0.029 0***	−0.012 3***
		（−6.91）	（−9.65）		（−36.77）	（−14.64）
Growth		−0.000 3	−0.000 3***		−0.000 2**	−0.000 3***
		（−3.97）	（−3.74）		（−2.18）	（−3.73）
Profitability		−0.012 9	−0.011 6		−0.020 5*	−0.016 2
		（−1.24）	（−1.13）		（−1.72）	（−1.49）
α	0.003 0***	−0.011 0***	0.003 3	−0.006 0***	−0.015 0***	0.007 7***
	（3.27）	（−12.12）	（1.63）	（−5.65）	（−13.34）	（3.00）
Industry	控制	控制	控制	控制	控制	控制
Year	控制	控制	控制	控制	控制	控制
R^2	0.211 3	0.512 8	0.582 1	0.132 9	0.513 4	0.456 6
N	8 979	8 979	8 979	7 542	7 542	7 542

*、**、***分别表示显著性水平为 0.1、0.05 和 0.01

注：OLS 回归模型的括号内为 z 值

在行业微观特征方面，Peer Size、Peer Tangibility在0.01的水平上呈显著的负相关关系，表明企业在进行资本结构决策时会考虑到行业企业规模和行业有形资产。行业企业规模和行业有形资产会负向影响Market Leverage，一阶差分的负向系数进一步说明了Market Leverage变动与Peer Size、Peer Tangibility的反向变动关系；Peer Flow、Peer Market-Book Ratio在0.01的水平上呈显著的正相关关系，表明行业流动比率和行业市值账面比会正向影响企业资本结构。

在企业自身特征方面，企业规模、有形资产正向影响Market Leverage；流动比率能力、市值账面比、成长性和营利性会负向影响Market Leverage。

表9和表10报告了以Book Leverage为被解释变量，以股票收益的异质性波动为工具变量的模型（6）的回归分析结果。可以发现，Book Leverage与Peer Leverage的相关关系并不清晰，与滞后一期的行业资本结构水平的相关关系并不显著。企业规模、流动比率、市值账面比、营利性与Book Leverage的关系得到了显著的估计结果。相比于Book Leverage，Peer Leverage与Market Leverage的相关关系更为显著，表明企业确实存在着以行业内其他企业的资本结构选择为决策参考的行为，并且相对于Book Leverage，Market Leverage的调整速度会更为灵敏，企业会根据投资者在股票市场上的行为或表现来调整资本结构和融资政策，进而影响企业资本结构的市场价值。

表9 Book Leverage行业学习效应存在性检验（考虑工具变量）

变量	Book Leverage					
	（1）	（2）	（3）	（4）	（5）	（6）
Peer Leverage	0.951 4*	8.278 0***	0.508 0			
	（1.94）	（3.93）	（1.36）			
Peer Leverage（*t*–1）				0.865 0	9.715 0	0.142 9
				（1.07）	（1.41）	（0.82）
Peer Size			–0.060 1***			–0.049 0***
			（–5.47）			（–6.93）
Peer Tangibility			0.040 1			0.130 3
			（0.23）			（1.10）
Peer Flow			0.014 6*			0.006 3**
			（1.91）			（2.41）
Peer Shareholding			0.001 5			0.003 0***
			（1.38）			（3.31）
Peer Market-Book Ratio			0.000 5			–0.000 5
			（0.30）			（–0.22）
Peer Growth			0.000 1			0.000 2
			（0.44）			（0.69）
Peer Profitability			–0.032 2			–0.023 5
			（–0.40）			（–0.31）
Size		0.072 9***	0.079 0***		0.081 0***	0.073 0***
		（8.23）	（29.87）		（2.64）	（25.11）
Tangibility		0.034 1	0.138 7***		0.026 6	0.130 0***
		（0.88）	（14.71）		（0.29）	（12.65）
Flow		–0.011 5***	–0.014 0***		–0.014 4***	–0.016 3***
		（–7.20）	（–26.22）		（–5.71）	（–25.41）
Shareholding		–0.001 2*	0.000 2		–0.001 3	0.000 3
		（–1.83）	（1.31）		（–0.81）	（1.51）
Market-Book Ratio		–0.011 1***	–0.001 7**		–0.025 0*	–0.002 0**
		（–4.73）	（–2.01）		（–1.88）	（–2.37）

续表

变量	Book Leverage					
	(1)	(2)	(3)	(4)	(5)	(6)
Growth		−0.000 3	−0.000 3***		−0.000 2	−0.000 3***
		(−1.46)	(−3.78)		(−0.92)	(−4.14)
Profitability		−0.061 2*	−0.046 5***		−0.060 4	−0.026 0*
		(−1.67)	(−3.17)		(−1.18)	(−1.80)
α	0.048 8	−4.817 0***	−0.323 7**		−5.630 0	−0.327 5**
	(0.22)	(−4.39)	(−1.97)		(−1.53)	(−2.29)
Industry	控制	控制	控制	控制	控制	控制
Year	控制	控制	控制	控制	控制	控制
R^2	0.113 7	0.169 6	0.398 1	0.109 4	0.167 9	0.362 5
F值	22.97***	2.70***	15.87***	22.77***	1.73***	15.66***
N	10 494	10 494	10 494	8 979	8 979	8 979

*、**、***分别表示显著性水平为 0.1、0.05 和 0.01

注：OLS 回归模型的括号内为 z 值。弱工具变量检验 Cragg-Donald Wald F 值表明，股票异质性波动通过了弱工具变量检验

表10 Book Leverage行业学习效应存在性一阶差分检验（考虑工具变量）

变量	Book Leverage					
	(1)	(2)	(3)	(4)	(5)	(6)
Peer Leverage	−1.813 0	−4.890 0	26.470 0			
	(−1.37)	(−1.35)	(0.16)			
Peer Leverage（t−1）				−0.452 6	−0.497 0	−0.183 5
				(−0.69)	(−0.96)	(−0.53)
Peer Size			−2.332 0			0.008 0
			(−0.16)			(0.26)
Peer Tangibility			−6.580 0			0.119 3
			(−0.16)			(0.93)
Peer Flow			0.462 0			0.003 4
			(0.16)			(1.17)
Peer Shareholding			−0.035 0			0.002 6
			(−0.15)			(1.49)
Peer Market-Book Ratio			−0.026 0			0.000 8
			(−0.16)			(0.33)
Peer Growth			−0.003 0			0.000 2
			(−0.15)			(0.64)
Peer Profitability			0.360 0			−0.026 0
			(0.14)			(−0.53)
Size		0.085 6***	0.071 5		0.078 9***	0.078 7***
		(15.54)	(1.00)		(22.87)	(23.02)
Tangibility		0.131 1***	0.090 1		0.106 4***	0.103 4***
		(6.98)	(0.65)		(10.31)	(10.07)
Flow		−0.009 0***	−0.008 0***		−0.008 5***	−0.008 6***
		(−11.61)	(−5.05)		(−18.66)	(−19.04)
Shareholding		0.001 3***	−0.000 2		0.000 7***	0.000 7***
		(3.02)	(−0.04)		(3.86)	(3.65)

续表

变量	Book Leverage					
	(1)	(2)	(3)	(4)	(5)	(6)
Market-Book Ratio		0.004 6	−0.001 3		0.000 5	−0.000 1
		(−1.50)	(−0.08)		(0.45)	(−0.07)
Growth		−0.000 4***	−0.000 3		−0.000 3***	−0.000 3***
		(−3.52)	(−0.30)		(−4.21)	(−4.22)
Profitability		0.020 4	0.047 5		0.025 5**	0.025 7**
		(1.29)	(0.34)		(2.48)	(2.51)
α	−0.003 0	−0.018 0***	0.257 5	−0.000 9	−0.011 0***	−0.009 0**
	(−1.00)	(−2.73)	(0.16)	(−0.76)	(−8.73)	(−2.10)
Industry	控制	控制	控制	控制	控制	控制
Year	控制	控制	控制	控制	控制	控制
R^2	0.110 3	0.031 6	0.067 0	0.104 8	0.174 2	0.248 6
N	8 979	8 979	8 979	7 542	7 542	7 542

、*分别表示显著性水平为 0.05 和 0.01

注：OLS 回归模型的括号内为 z 值

2. 资本结构行业学习效应影响因素探究

如前所述，为探究行业特征对企业资本结构行业学习效应的影响，我们在模型（6）的基础上，引入了行业竞争程度HHI和融资约束指标（KZ指数）的交互项，构建了模型（7）和模型（8）。在对资本结构决策的行业学习效应存在性的检验过程中，我们发现，尽管总体上Book Leverage也存在着行业学习效应，但是Book Leverage的调整会具有相对滞后性，同时对当期行业资本结构的学习效应更加显著。因此，本文以Market Leverage为被解释变量，检验行业特征对企业资本结构当期行业学习效应的影响，实证检验假设2和假设3。表11和表12分别报告了行业竞争程度和融资约束条件交互项的回归分析结果。

表11　行业竞争程度HHI对资本结构行业学习效应的影响检验

变量	Market Leverage	
	(1)	(2)
Peer Leverage	1.309 0***	1.176 0***
	(13.40)	(23.98)
HHI	0.303 0***	0.214 2***
	(4.02)	(3.06)
Peer Leverage × HHI	−1.057 0***	−0.387 0***
	(−5.25)	(−3.11)
Peer Size	−0.105 6***	−0.105 0***
	(−16.51)	(−6.60)
Peer Tangibility	−0.283 8***	−0.273 8***
	(−4.18)	(−4.22)
Peer Flow	0.013 1***	0.007 4***
	(5.23)	(3.43)
Peer Shareholding	−0.001 6*	0.000 5
	(−1.68)	(0.50)

续表

变量	Market Leverage	
	（1）	（2）
Peer Market-Book Ratio	0.022 3***	0.009 8***
	（4.03）	（3.38）
Peer Growth	0	0.000 2
	（0.06）	（0.69）
Peer Profitability	0.065 2	−0.007 5
	（0.87）	（−0.15）
Size	0.101 5***	0.100 4***
	（40.68）	（31.31）
Tangibility	0.118 6***	0.078 6***
	（13.10）	（8.50）
Flow	−0.006 5***	−0.003 5***
	（−12.52）	（−8.83）
Shareholding	−0.000 2	0.000 3*
	（−1.60）	（1.68）
Market-Book Ratio	−0.015 8***	−0.006 5***
	（−19.95）	（−9.70）
Growth	−0.000 4***	−0.000 3***
	（−4.53）	（−3.76）
Profitability	−0.065 8***	−0.011 7
	（−4.66）	（−1.13）
α	0.117 0	0.000 7
	（0.81）	（0.32）
Industry	控制	控制
Year	控制	控制
R^2	0.606 4	0.572 0
F值	12.44***	—
N	10 494	8 979

*、***分别表示显著性水平为 0.1 和 0.01

注：OLS 回归模型的括号内为 z 值

表12　融资约束KZ指数对资本结构行业学习效应的影响检验

变量	Market Leverage	
	（1）	（2）
Peer Leverage	1.301 0***	1.141 0***
	（14.30）	（27.07）
KZ	0.016 7***	−0.011 9***
	（4.96）	（−4.46）
Peer Leverage × KZ	0.077 2***	0.097 0***
	（7.08）	（11.56）
Peer Size	−0.101 4***	−0.119 7***
	（−16.51）	（−8.28）
Peer Tangibility	−0.220 0***	−0.198 1***
	（−3.65）	（−3.44）

续表

变量	Market Leverage	
	(1)	(2)
Peer Flow	0.017 9***	0.009 0***
	(6.72)	(4.22)
Peer Shareholding	−0.000 5	0.000 4
	(−0.53)	(0.43)
Peer Market-Book Ratio	0.028 8***	0.010 5***
	(4.63)	(3.66)
Peer Growth	0.000 2	0.000 2
	(0.66)	(0.73)
Peer Profitability	0.083 3	−0.004 6
	(1.14)	(−0.09)
Size	0.094 3***	0.096 5***
	(39.20)	(30.63)
Tangibility	0.071 8***	0.053 4***
	(8.13)	(5.81)
Flow	−0.005 1***	−0.003 3***
	(−10.03)	(−8.43)
Shareholding	−0.000 2	0.000 3*
	(−1.54)	(1.64)
Market-Book Ratio	−0.014 8***	−0.006 9***
	(−19.35)	(−10.43)
Growth	−0.000 3***	−0.000 3***
	(−4.50)	(−3.70)
Profitability	−0.047 1***	−0.010 0
	(−3.48)	(−0.99)
α	0.104 6	0.003 0
	(0.79)	(1.51)
Industry	控制	控制
Year	控制	控制
R^2	0.675 8	0.615 7
F值	10.21***	—
N	10 494	8 979

*、***分别表示显著性水平为 0.1、和 0.01

注：OLS 回归模型的括号内为 z 值

表11的（1）列和（2）列分别报告了行业竞争程度与行业资本结构水平交互项的原变量和一阶差分回归分析结果。可以发现，Peer Leverage×HHI的系数在0.01的水平上显著为负值，表明HHI负向调节企业资本结构与行业资本结构的相关关系，即行业竞争程度的增加会强化企业资本结构与行业资本结构水平的相关关系，增强企业以行业内其他企业的资本结构决策为参考的学习行为。与此同时，一阶差分回归结果与原变量回归结果一致。由此，假设2得到验证，在其他条件相同的情况下，行业竞争程度会增强企业资本结构与行业资本结构的正相关关系。

表12的（1）列和（2）列分别报告了融资约束与行业资本结构水平交互项的原变量

和一阶差分回归分析结果。可以发现，Peer Leverage × KZ的系数在0.01的水平上显著为正值，表明KZ指数正向调节企业资本结构与行业资本结构的相关关系，即融资约束会强化企业资本结构决策向行业内其他企业资本结构的学习行为，且一阶差分回归结果与原变量回归结果一致，这一回归结果与假设3不符。结合已有研究和行业实际状况，我们认为产生这一结果的原因可能有两个方面：一方面，当企业融资约束增强时，企业将面临更少的融资机会选择，因此会天然形成资本结构聚集的结果；另一方面，当企业融资约束增强时，企业在进行最优资本结构决策时，会面临更复杂的约束条件，因此增加了搜寻最优资本结构的成本，从而强化了对行业资本结构的学习动机。由此，产生了融资约束会强化企业资本结构与行业资本结构的正相关关系这一结果。

（三）稳健性检验

本文进行了两方面的稳健性测试。首先，将解释变量进行替换，分别利用行业资本结构中位数替换行业资本结构均值，用行业内前三大规模企业市场份额占比替换赫芬达尔-赫尔曼指数，用自由现金流量替换KZ指数，重新进行行业学习效应的估计，估计结果的方向和显著性没有发生变化；其次，选择不同的估计方法进行估计，利用GLS（generalized least squares，广义最小二乘法）估计替换面板数据固定效应估计，利用GMM（generalized method of moments，广义矩阵法）估计工具变量下的回归模型，回归结果依然是稳健的。

五、研 究 结 论

资本结构决策对于企业来说是至关重要的。大量文献研究资本结构的影响因素，旨在剖析企业资本结构的决策过程，提高资本结构的准确性。随着行为金融与传统研究资本结构的研究相融合，资本结构决策过程中的“行为”因素应该会愈发受到关注。

在已有文献基础上的进一步深入研究过程中，我们发现，企业资本结构的行业学习效应是存在的，行业内其他企业的资本结构决策显著正向影响企业自身的资本结构。并且，相对于企业资本结构的账面价值，资本结构的市场价值对这一效应的反应更为敏感，相对于滞后一期的行业资本结构，企业的当期资本结构的行业学习效应是显著且一致的，这表明企业会根据投资者在股票市场上的行为或表现来调整资本结构和融资政策，进而影响企业资本结构的市场价值。

本文引入行业竞争程度和融资约束条件，探究资本结构行业学习效应的影响因素。我们发现，行业竞争程度正向影响资本结构的行业学习效应，行业竞争越发激烈，会增加行业发展和企业自身盈利、前景等的不确定性，增加最优资本结构的决策成本。因此，企业出于谨慎性考虑，甚至不得不将行业内其他企业的资本结构行为作为自身决策的参考依据；企业融资约束程度同样正向影响资本结构的行业学习效应，我们认为，一方面是融资约束的增强压缩了企业进行融资选择的空间，从而导致了行业内资本结构的天然聚集，另一方面是融资约束的增强强化了企业对行业资本结构的学习动机。

显然，企业资本结构的行业学习效应体现了有限理性和管理层的行为特征，不单纯是企业在可获得信息条件下客观理性的决策结果。与此同时，这种学习效应不仅会受到行业竞争程度的影响，也会受到融资约束的影响，而融资约束对资本结构的行业学习效应的影响结果和理论并不一致，这充分反映了企业资本结构决策的复杂性。

参考文献

蔡庆丰，杨侃，林剑波. 2011. 羊群行为的叠加及其市场影响——基于证券分析师与机构投资者行为的实证研究. 中国工业经济，（12）：111-121.

陈德萍，曾智海. 2012. 资本结构与企业绩效的互动关系研究——基于创业板上市公司的实证检验. 会计研究，（8）：66-71.

陈仕华，卢昌崇. 2013. 企业间高管联结与并购溢价决策——基于组织间模仿理论的实证研究. 管理世界，（5）：144-156.

丁晨，曹崇延. 2005. 中国上市公司资本结构行业差异的实证研究——统计检验、成因分析及合理性研究. 运筹与管理，14（3）：125-130.

郭鹏飞，孙培源. 2003. 资本结构的行业特征：基于中国上市公司的实证研究. 经济研究，（5）：66-73.

韩忠雪，周婷婷. 2011. 产品市场竞争、融资约束与公司现金持有：基于中国制造业上市公司的实证分析. 南开管理评论，14（4）：149-160.

黄宏斌，翟淑萍，陈静楠. 2016. 企业生命周期、融资方式与融资约束——基于投资者情绪调节效应的研究. 金融研究，（7）：96-112.

黄继承，姜付秀. 2015. 产品市场竞争与资本结构调整速度. 世界经济，38（7）：99-119.

黄继承，朱冰，向东. 2014. 法律环境与资本结构动态调整. 管理世界，（5）：142-156.

胡援成. 2002. 中国企业资本结构与企业价值研究. 金融研究，（3）：110-122.

胡援成，潘启娣. 2017. 现金持有、融资约束与资本结构非线性调整——基于动态面板阈值回归模型的实证研究. 当代财经，（1）：110-122.

姜付秀，黄继承. 2011. 市场化进程与资本结构动态调整. 管理世界，（3）：124-134.

姜付秀，刘志彪，李焰. 2008. 不同行业内公司之间资本结构差异研究——以中国上市公司为例. 金融研究，（5）：172-185.

姜付秀，黄磊，张敏. 2009. 产品市场竞争、公司治理与代理成本. 世界经济，32（10）：46-59.

姜永盛，程小可，李浩举. 2015. 公司的资本结构决策具有学习效应吗? 中央财经大学学报，(10)：61-68.

蒋尧明，郑莹. 2015. "羊群效应"影响下的上市公司社会责任信息披露同形性研究. 当代财经，（12）：109-117.

况学文，陈志锋，金硕. 2017. 政治关联与资本结构调整速度. 南开经济研究，（2）：133-152.

李君平，徐龙炳. 2015. 资本市场错误定价、融资约束与公司融资方式选择. 金融研究，（12）：113-129.

李志文，余佩琨，杨靖. 2010. 机构投资者与个人投资者羊群行为的差异. 金融研究，（11）：77-89.

连玉君，李丹. 2006. 财务比率的行业特征：差异性及收敛性——基于中国上市公司的非参数检验. 南方经济，（3）：81-90.

卢斌，曹启龙，刘燕. 2014. 融资约束、市场竞争与资本结构动态调整——基于行业异质性的研究. 产业经济研究，（3）：91-100.
路磊，黄京志，吴博. 2014. 基金排名变化和羊群效应变化. 金融研究，（9）：177-191.
陆蓉，王策，邓鸣茂. 2017. 我国上市公司资本结构“同群效应”研究. 经济管理，39（1）：181-194.
马丽. 2016. 中国股票市场羊群效应实证分析. 南开经济研究，（1）：144-152.
马文超，胡思玥. 2012. 货币政策、信贷渠道与资本结构. 会计研究，（11）：39-48.
闵亮，邵毅平. 2012. 经济周期、融资约束与企业资本结构动态调整速度. 中南财经政法大学学报，（6）：100-105.
阮素梅，杨善林，张莉. 2015. 公司治理与资本结构对上市公司价值创造能力综合影响的实证研究. 中国管理科学，23（5）：168-176.
沈洪涛，苏亮德. 2012. 企业信息披露中的模仿行为研究——基于制度理论的分析. 南开管理评论，15（3）：82-90.
盛明泉，张春强，王烨. 2016. 高管股权激励与资本结构动态调整. 会计研究，（2）：44-50.
汤长安，彭耿. 2014. 中国基金羊群行为水平的上下界估计及其影响因素研究. 中国软科学，(9)：136-146.
唐国正，刘力. 2005. 利率管制对我国上市公司资本结构的影响. 管理世界，（1）：50-58.
田利辉，谭德凯，王冠英. 2015. 我国大宗商品期货市场存在羊群行为吗? 金融研究，（6）：144-158.
王雷. 2014. 基于信号传递过程中学习效应的联合创业投资决策. 中国管理科学，22（4）：74-82.
吴华强，才国伟，徐信忠. 2015. 宏观经济周期对企业外部融资的影响研究. 金融研究，（8）：109-123.
伍旭川，何鹏. 2005. 中国开放式基金羊群行为分析. 金融研究，（5）：60-69.
许年行，于上尧，伊志宏. 2013. 机构投资者羊群行为与股价崩盘风险. 管理世界，（7）：31-43.
徐莎. 2010. 中国上市公司资本结构行业间差异的实证研究. 特区经济，（8）：117-118.
杨广青，丁茜. 2012. 行业特征、创新战略与资本结构——基于跨层次模型的实证研究. 经济管理，34（6）：45-53.
张敦力，江新峰. 2015. 管理者能力与企业投资羊群行为：基于薪酬公平的调节作用. 会计研究，（8）：41-48.
赵蒲，孙爱英. 2005. 资本结构与产业生命周期：基于中国上市公司的实证研究. 管理工程学报，19（3）：42-46.
支晓强，孙健，王永妍，等. 2014. 高管权力、行业竞争对股权激励方案模仿行为的影响. 中国软科学，（4）：111-125.
钟田丽，张天宇. 2017. 我国企业资本结构决策行为的“同伴效应”——来自深沪两市 A 股上市公司面板数据的实证检验. 南开管理评论，20（2）：58-70.
朱武祥，魏炜，王正位. 2014. 回归经典：资本结构研究 60 年思考. 金融研究，（12）：194-206.
Banerjee A V. 1992. A simple model of herd behavior. Quarterly Journal of Economics，107（3）：797-817.
Bikhchandani S，Hirshleifer D，Welch I. 1998. Learning from the behavior of others：conformity，fads，and informational cascades. Journal of Economic Perspectives，12（3）：151-170.
Cyert R M，March J G. 1963. A Behavioral Theory of the Firm. Englewood：Prentice-Hall.
Deangelo H，Masulis R W. 1980. Optimal capital structure under corporate and personal taxation. Journal of Financial Economics，8（1）：3-29.
Fazzari S M，Hubbard R G，Petersen B C，et al. 1998. Financing constraints and corporate investment. Brookings Papers on Economic Activity，（1）：141-206.
Kaplan S N，Zingales L. 1995. Do financing constraints explain why investment is correlated with cash flow? Quartely Journal of Economics，112（1）：169-215.
Lamont O，Polk C，Saá-Requejo J. 2001. Financial constraints and stock returns. The Review of Financial Studies，14（2）：529-554.

Leary M T, Roberts M R. 2010. Do peer firms affect corporate financial policy? The Journal of Finance, 69（1）: 139-178.

Scharfstein D S, Stein J C. 1990. Herd behavior and investment. American Economic Review, 80（3）: 465-479.

Schwartz E, Aronson J R. 1967. Some surrogate evidence in support of the concept of optimal financial structure. The Journal of Finance, 22（1）: 10-18.

Whited T M, Wu G. 2006. Financial constraints risk. The Review of Financial Studies, 19（2）: 531-559.

The Industry Learning Effect on Corporate Capital Structure Decision

Liang Tang and Yu Duan
School of Business, Northeast Normal University, Changchun, Jilin, China 130117

Abstract: Whether or not there is an industry learning effect on capital structure is an important research question. Because managers have incomplete information and limited capacity in processing information in an uncertain external environment, they maylower information and search costs of capital structure decisions through learning the financing behavior of other companies in the industry. This process is referred to as the peer firm learning effect on capital structure. Using a sample of A-share listed companies in China from 2007 to 2016, this paperexamineswhether there exists a peer firm learning effect on capital structure using an instrumentalvariable approach to account forendogeneity. We control forindustry characteristics such as thedegrees of industry competition and financing constraints. Our results show that there is a significant positive relation between firmcapital structureand industry capital structure, suggesting that a peer firm learning effect on capitalstructuredoes exist. We also find that the degrees ofindustry competition andfinancing constraints will strengthen the peer firm learning effectin the industry.

Keywords : Capital structure decision ; learning effect ; industry competition ; financingconstraints.

当代会计评论　　Contemporary Accounting Review
第11卷第4辑　　Vol.11 No.4
2018年　　2018

高管团队异质性、公司业绩与董事长辞职
——基于新三板数据的实证研究*

许萍[1]　陈格[2]
（1. 福州大学经济与管理学院，福建 福州 350116；2. 福建医科大学财务处，福建 福州 350108）

【摘要】 本文选用 2009~2016 年新三板公司数据作为研究样本，对高管团队异质性、公司业绩与董事长辞职三者间的关系进行了实证检验。结果显示，公司业绩是董事长辞职与年龄、性别异质性之间的中介变量。高管团队年龄异质性程度越小、性别异质性程度越大，企业业绩越高，董事长辞职的可能性越小。本文进一步对董事长辞职后公司的业绩改善与高管团队异质性的相关性进行了研究，结果表明，高管团队专业背景异质性、行业经历异质性有利于董事长辞职后公司的业绩改善。

【关键词】 新三板　董事长辞职　公司业绩　高管团队异质性

一、引　言

新三板是定位于非上市公众公司公开转让和定向发行的市场平台，发展新三板对于健全我国多层次资本市场体系、提高直接融资比重、服务实体经济发展、推动产业转型升级和促进“大众创业、万众创新”有重大意义。相比我国主要证券交易所繁杂耗时的审批过程，在新三板挂牌较为容易。数据显示，2014年我国中小公司在股转系统平台上募集资金132亿元，而2016年募集资金多达1 390亿元，由此，我们发现，2016年融资总额是2014年融资总额的10.5倍，新三板为我国中小公司募集资金提供了便利条件。新三板代表着我国经济转型的方向，然而，随着新三板公司扩容，募集资金规模逐渐扩大，新三板挂牌公司的治理情况引起了利益相关者的注意。新三板公司董事长频繁辞职事件

* 许萍，教授，E-mail：xp7126@126.com。陈格，硕士研究生，E-mail：461547059@qq.com。

更是引起了多家主流媒体的报道，图1是2009~2016年新三板公司董事长辞职的年度和行业分布图。

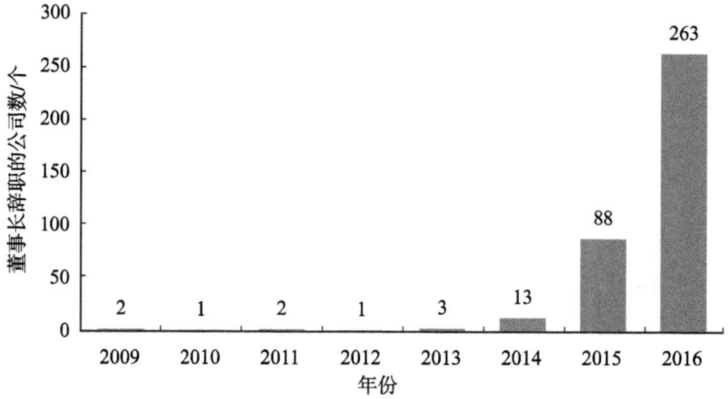

（a）新三板公司董事长辞职的年度分布图

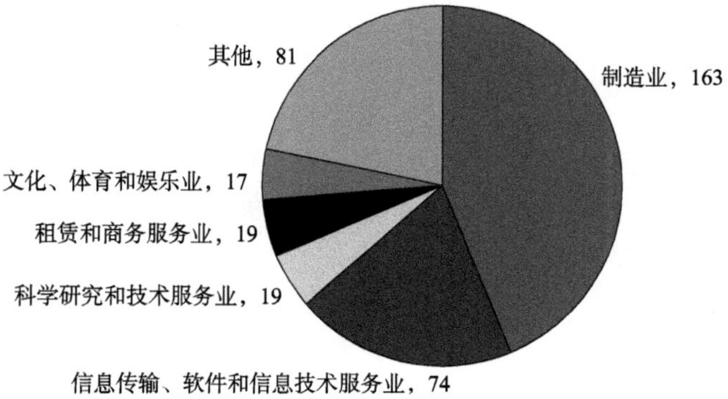

（b）新三板公司董事长辞职的行业分布图

图中数字表示各个行业发生董事长辞职的公司数

图1　新三板公司董事长辞职的年度和行业分布图

图1（a）是新三板公司董事长辞职的年度分布图，横轴是时间轴，纵轴是董事长辞职的公司数。可以看出，随着时间推进，2012~2016年，新三板发生董事长辞职的公司数逐渐增多，2015年以后明显增多，2016年董事长辞职的公司数约是2015年的3倍。图1（b）为新三板公司董事长辞职的行业分布图，可以看出，董事长辞职的公司在行业分布上主要集中于制造业，以及信息传输、软件和信息技术服务业两大行业，两个行业占董事长辞职的公司全部行业的比例超过50%。董事长在公司日常经营中承担着重要的管理任务（Nelson 2003），董事长在任职期间将影响或决定公司所有制结构、团队规模、团队结构等重要问题，因此，董事长辞职比较罕见。然而，近年来新三板公司董事长辞职事件却屡见不鲜，因此，分析董事长辞职背后的原因，对丰富新三板公司治理的相关研究具有重要意义。

本文利用新三板2009~2016年所有董事长辞职的公司数据，采用配对样本法，研究新三板公司董事长辞职的原因。我们研究发现：总体上，公司业绩越差，新三板公司董事长辞职的概率越大；公司业绩是董事长辞职与年龄、性别异质性之间的中介变量，公司业绩在董事长辞职与年龄异质性之间存在部分中介效应，与性别异质性之间存在完全中介效应，具体表现为高管团队年龄异质性程度越小、性别异质性程度越大，企业业绩越高，董事长辞职的可能性越小。本文进一步对董事长辞职后公司的业绩改善与高管团队异质性的相关性进行了研究，结果表明高管团队专业背景、行业经历的异质性有利于董事长辞职后公司的业绩改善。

本文研究的贡献主要体现在以下几个方面。第一，已有文献研究董事长变更时，将董事长变更按照变更原因区分为常规性变更（出于身体原因或死亡、退休、完善公司治理结构、工作变动及涉案等发生的董事长变更）与非常规性变更（换届）（丁友刚和宋献中 2011，刘青松和肖星 2015）。较多文献关注董事长的非常规性变更（刘青松和肖星 2015），鲜有文献研究董事长常规性变更与公司业绩的关系，甚至有研究认为董事长的常规性变更与公司业绩不相关（蒋荣和刘星 2008）。本文定义的董事长辞职属于以往文献界定的董事长常规性变更的范畴，包括董事长主动辞职与董事长被动辞职，不考虑涉案、死亡、退休导致的董事长变更。在对董事长常规性变更样本进行部分剔除后，我们发现，董事长辞职与公司业绩存在负相关关系，这补充了现有文献的研究。第二，现有文献主要关注A股（A-shares，人民币普通股票）主板上市公司的董事长变更，然而从公司治理结构角度来看，新三板挂牌公司相较于A股上市公司信息不透明，外部监管机制不足，独立董事比例较低，因而高管团队的构成显得尤为重要。本文深入分析了公司业绩在董事长辞职与高管团队年龄、性别异质性之间存在的中介效应，对高管团队异质性不同维度对公司业绩的影响进行了理论梳理与实证检验。本文发现，公司业绩在董事长辞职与年龄异质性之间存在部分中介效应，与性别异质性之间存在完全中介效应，高管团队异质性不同维度对董事长辞职产生的影响不同，高管团队年龄的异质性、性别的同质性是新三板公司业绩不佳并引发董事长辞职的原因；对于董事长辞职的公司，专业背景的异质性和行业经历的异质性对董事长辞职后公司的业绩改善有正向作用。

二、理论分析与研究假说

（一）董事长辞职与公司业绩

前期的研究表明，业绩因素是影响董事长辞职的一个重要因素，董事长辞职是董事长对必须满足股东不断变化的要求所做出的反应。基于信号理论、经理能力假说（常识理论）及委托代理理论，公司管理者及其股东的利益并不是完全一致的。管理者和股东之间的冲突源于所有权和控制权的分离，管理者倾向于最大化自己的效用。由于信息不对称，股东需通过公司业绩来监督管理者并以此维护自己的权益。董事长作为公司顶层的管理者，一方面，如果公司业绩表现不佳，则公司业绩这个量化指标无疑向股东传递了董事长能力欠佳或努力程度不够的信号，股东会采取措施维护自身的利益，甚至逼迫董事长辞职以保障公司未来的有效经营。另一方面，基于“替罪羊假说”，公司业绩表现不佳不一定是董事长的错，但总要有人为公司的业绩表现不佳负责，董事长的主动辞职给了股东一个交代。因而，辞职的董事长成为一个牺牲品——“替罪羊”。结合上述两方面的原因，公司的业绩表现会影响董事长的去留。因此，董事长在公司业绩表现不佳时更有可能辞职。一方面，他们不想与业绩表现糟糕的公司联系在一起，故而主动提出辞职；另一方面，当公司业绩表现不佳时，他们可能被股东强迫而提出辞职，以应对投资者需求。基于此，本文提出如下假设。

假设1：新三板公司董事长辞职的概率与公司业绩呈负相关关系，公司业绩水平越差，董事长辞职的可能性越大。

（二）公司业绩与高管团队异质性

公司的高管团队被视为公司业绩的推动力（Hambrick and Mason 1984）。两个不同的理论解释了高管团队成员对公司业绩的影响。首先，委托代理理论侧重于从委托代理困境角度进行解释，这涉及确保高管团队的行为符合股东的最大利益，而不是追求个人利益，因此，必须制定监管或奖励等机制，以使高管团队的目标与股东目标相一致（Jensen and Meckling 1976；Fama and Jensen 1983），而业绩则成为监管或奖励机制的考核指标。其次，高阶理论强调高管团队成员的主要作用是决策者（Hambrick and Mason 1984），高管团队成员的个人特点，如年龄、教育、经验和种族等也会影响公司业绩（Hambrick 2007）。

本文参考Murray （1989）、李华晶和邢晓东（2007）、张平等（2014）的研究，定义高管团队由上市公司中具有副总裁、副总经理、总工程师、总经济师、总会计师、财务总监等头衔及以上头衔的高级管理人员组成，参考Carpenter（2002）的研究将高管团队异质性划分为六大维度，分别是年龄、任期、专业背景、性别、行业经历及受教育水平，分别探讨公司业绩与六大维度的关系。

以往的研究利用社会心理学理论解释高管团队异质性对公司业绩的影响。其中，存在两种观点。

一种观点是基于社会分类理论。该理论认为高管团队的异质程度与公司业绩呈负相关关系。高管团队异质性促进了社会分类的过程，阻碍了团队成员对决策相关信息和观点的细化（van Knippenberg et al. 2011）。社会分类的一个源头是团队成员之间的异质性维度特征，团队成员将自己和他人分类为“内群”与“外群”（Hogg and Turner 1985）。内群成员处于相同的社会、政治和经济环境，分享相同的信息，因而有更多的共同点，形成了类似的态度和价值观，内群间人际关系的联系更加紧密（Balkundi et al. 2007）。当内群成员支持其所在群体的观点，且反对外群成员的观点时，团队中的偏见就会出现，当外群成员与内群成员就地位和声望进行竞争、外群成员挑战内群成员的良好形象时，团队中群体间的偏见就会由此激化（Wegge et al. 2006，van Knippenberg et al. 2011），偏见的激化就此产生内群成员间比起外群成员间更频繁地交流与互动现象。这种现象的存在破坏了团队成员间的信息交流与合作，使得团队中成员的满意度降低，不利于团队活动，最终导致公司业绩的下降。

另一种观点是基于信息决策理论。该理论认为高管团队的异质程度与公司业绩呈正相关关系。基于信息和决策观点（Tziner and Eden 1985），高管团队异质性对业绩的有利影响主要体现在对决策相关信息的改进上，即与团队任务相关的思想、知识和观点的交流、讨论及融合（Kearney et al. 2009）。

本文将高管团队异质性划分为六大维度，分别是年龄、任期、专业背景、性别、行业经历及受教育水平，根据van Knippenberg等（2011）的研究，任期、专业背景、性别、行业经历及受教育水平异质性对公司业绩的影响以正面效应为主，因为要想拥有良好的公司业绩就需要产生创造性和创新性的想法，抑或是与之类似的信息处理过程，而任期、专业背景、性别、行业经历及受教育水平异质性越大，信息和专业知识获取的来源就越宽，团队成员可通过越多的有效渠道获得与任务相关的信息和数据。

年龄异质性区别于任期、专业背景、性别、行业经历及受教育水平异质性维度，被归类为表面层次异质性的一种形式，它指的是“团队成员之间在可观察到的生物学特性上的差异”（Horwitz S K and Horwitz I B 2007）。这种表面层次异质性往往具有认知上的不可访问性、不可渗透性和不可变性。年龄异质性这个单一的异质性因素对公司业绩的影响甚至涵盖着任期、行业经历、专业背景及受教育水平异质性等多个异质性因素对公司业绩的影响，具体而言，年龄异质性越大，任期、行业经历、专业背景及受教育水平的异质性可能就越大。反之，以任期异质性为例，任期异质性越大，行业经历、专业背景及受教育水平不一定越大，年龄异质性对公司业绩的影响比其他维度的单一影响要大得多，可以加速团队中偏见的激化，使得负面效应大于正面效应。除年龄外，其他维度的异质性为公司业绩带来的正面效应大于负面效应（Horwitz S K and Horwitz I B 2007）。基于此，本文提出如下假设。

假设2（a）：新三板高管团队年龄的异质程度与新三板公司业绩水平呈负相关关系。

假设2（b）：新三板高管团队任期的异质程度与新三板公司业绩水平呈正相关关系。

假设2（c）：新三板高管团队专业背景的异质程度与新三板公司业绩水平呈正相关关系。

假设2（d）：新三板高管性别的异质程度与新三板公司业绩水平呈正相关关系。

假设2（e）：新三板高管团队行业经历的异质程度与新三板公司业绩水平呈正相关关系。

假设2（f）：新三板高管团队受教育水平的异质程度与新三板公司业绩水平呈正相关关系。

（三）业绩改善与高管团队异质性

高阶理论认为，高管团队的组成与最终团队战略决策成功及与达到业绩改善的目的紧密相连。一些研究指出，由具有不同背景和能力的管理者组成的更多样化的团队，在动荡的环境中更能凸显优势，从而达到改善业绩的目的（Keck 1997，Stewart 2006）。基于此，本文提出如下假设。

假设3：在新三板董事长辞职的公司中，高管团队异质性对董事长辞职后的业绩改善有正向作用。

对于董事长辞职的公司，高管团队年龄异质性可以促进高管团队对任务相关信息的整合，因为不同年龄的群体积累了不同的工作经历或生活经历（Boehm et al. 2014），能够用更多差异的视角来看待问题并解决问题（Kearney et al. 2009），并将拥有的知识和观点整合到更有创意和创新的解决方案中（Wiersema and Bantel 1992），能使董事长辞职后的公司业绩得到改善。基于此，本文提出如下假设。

假设3（a）：在新三板董事长辞职的公司中，高管团队年龄异质性对业绩改善有显著的正向影响。

董事长辞职后，任期异质性为团队成员个人提供了机会，使他们可以接触到其专业知识领域之外的内容（Finkelstein and Hambrick 1996）。因此，更大程度地接触其他领域的知识会让团队成员在其他领域与同事有更多的互动，正基于此，团队成员可以对不同的观点进行适应与接纳，在董事长辞职后的相对动荡的环境中平稳过渡，本文提出如下假设。

假设3（b）：在新三板董事长辞职的公司中，高管团队任期异质性对业绩改善有显著的正向影响。

董事长辞职后，企业需要面临新的战略选择，男性和女性成员有着不同的社会经历，如职业经验或是社交联系，它们形成了男性和女性成员不同的创新战略选择，帮助高管团队产生新的想法，合理分配资源并探索机遇。性别异质性与解决问题、改善创造力相关（Østergaard et al. 2011），性别异质程度可以增加研发新产品或提供新服务的概率，推动组织创新，与业绩改善呈正相关关系，基于此，本文提出如下假设。

假设3（c）：在新三板董事长辞职的公司中，高管团队性别异质性对业绩改善有显著的正向影响。

董事长辞职后，行业经历异质程度大的高管团队将更广泛地审视环境，做出复杂的战略决策，Carpenter等（2004）研究认为，拥有更多样化的行业经历的高管团队往往具有更大的战略广度，行业经历异质程度越大越能引入更多的视角来提高决策质量，提高技能基础和社会认知能力，从而达到业绩改善的目的（Carpenter 2002），基于此，本文提出如下假设。

假设3（d）：在新三板董事长辞职的公司中，高管团队行业经历异质性对业绩改善有显著的正向影响。

董事长辞职后，对高管团队而言，受教育水平和专业背景影响个人对问题的定义方式，同时也影响着为解决问题而制定的行动路线。董事长辞职后，受教育水平异质性与改善创造力及学习的灵活性相关，能使董事长辞职后的公司业绩得到改善，基于此，本文提出如下假设。

假设3（e）：在新三板董事长辞职的公司中，高管团队受教育水平异质性对业绩改善有显著的正向影响。

假设3（f）：在新三板董事长辞职的公司中，高管团队专业背景异质性对业绩改善有显著的正向影响。

三、研 究 设 计

（一）样本选择与数据来源

本文手工收集了全国中小公司股份转让系统信息披露专栏中2009~2016年所有董事长辞职的公司的详细资料。本文的研究对象是董事长辞职的公司，故本文将个人原因、身体原因、完善公司治理结构及工作变动原因导致的董事长变更定义为董事长辞职。因此，换届、董事长退休及去世等原因造成的董事长辞职不属于本文考虑的范畴。本文通过查阅董事长辞职的公司的年报及股份转让系统的信息披露公告，确定董事长辞职的原因；从锐思数据库中下载上述董事长辞职的公司的高管团队人物特征信息，针对锐思数据库中缺失的信息，采用Wind数据库中的高管信息进行补充，用Excel进行数据处理。研究取样时：①剔除t期董事长辞职、t–1期高管团队人员发生变更的样本；②剔除已经退市公司及转板上市的公司；③剔除无法获取完整高管人物信息的公司。筛选完毕后，从Wind数据库中下载上述上市公司的总资产报酬率、独立董事的人数、负债率等公司治理信息。由于本文的研究对象是新三板公司辞职的董事长，对此本文采用1∶1配对样本进行研究，选择2009~2016年均未发生董事长辞职现象的公司，按照相同年份、相同性质（国有企业或是民营企业）、相同行业（根据中国证券监督管理委员会的行业代码从三位行业代码，逐渐放松至一位行业代码）、资产规模（以公司的总资产的自然对数进行量化）在0.6~1.4倍最接近的公司作为配对样本，最终得到发生董事长辞职的样本为211个，配对的样本为211个。

对于假设3，本文选择2009~2016年发生董事长辞职的公司作为研究样本的总体。

（二）变量定义

1. 高管团队的异质性

本文分别从年龄、任期、专业背景、性别、行业经历及受教育水平这六大维度来刻画所研究公司的高管团队的异质性。

对于年龄异质性hage，本文分段计算高管团队成员年龄的异质程度：1代表30岁及以下；2代表31~40岁；3代表41~50岁；4代表51~60岁；5代表61岁及以上。

对于任期异质性htenure，本文分段计算高管团队成员任期的异质程度：1代表一年及以下；2代表一年到三年（包括三年）；3表示三年到六年（包括六年）；4代表六年以上。

对于专业背景异质性hmajor，本文分段计算高管团队成员专业背景的异质程度：1代表科学工程、自然科学；2代表经济管理；3代表文学艺术；4代表法律；5代表其他。若高管团队中有成员的专业背景包含上述两种分类及以上，即有复合专业背景，根据时间的长度，选择其学习时间较长的专业作为分类标准。

对于性别异质性hgender，本文分段计算高管团队成员性别的异质程度：1代表男性；2代表女性。

对于行业经历异质性hfunction，本文分段计算高管团队成员行业经历的异质程度：1代表生产制造类；2代表科研类；3代表财务金融类；4代表市场类；5代表法务类；6代表行政管理类；7代表其他。若有成员的行业经历包含上述两种分类及以上，根据时间的长度，选择其工作时间较长的行业作为分类标准。

对于受教育水平异质性heducation，本文分段计算高管团队成员受教育水平的异质程度：1代表大学专科以下学历；2代表大学专科学历；3代表大学本科学历；4代表硕士研究生学历；5代表博士研究生学历。

计算方法如下所示。

先前的研究未将年龄与任期进行分段，年龄与任期为连续型的数据，因此，采用标准差系数测算其异质程度。本文将年龄与任期参考其他异质程度的维度指标做了分段处理，因此对这六大维度指标均采用Herfindahl指数来计算，Herfindahl指数的计算公式如下：

$$H = 1 - \sum_{i=1}^{n} P_i$$

其中，P_i表示总体中种类为i的人员所占高管团队总体的比重；H值在0到1之间，H值越高表示群体在某一特征上的异质性越高。

2. 公司业绩

本文在衡量公司业绩时使用总资产报酬率 $\mathrm{ROA}_{i,t-1}$，在进行指标的稳健性检验时，使用经行业中位数调整后的 $\mathrm{adjROA}_{i,t-1}$。

3. 董事长辞职

若t期公司发生董事长辞职（ $\mathrm{turnover}_{i,t}$ ），$\mathrm{turnover}_{i,t}$ 记为1，若t期公司未发生董事长辞职，则 $\mathrm{turnover}_{i,t}$ 记为0。

4. 控制变量

根据刘青松和肖星（2015）的研究，本文用公司规模（ $\mathrm{size}_{i,t-1}$ ）、公司的成长性（ $\mathrm{growth}_{i,t-1}$ ）、公司的财务风险（ $\mathrm{leverage}_{i,t-1}$ ）、公司的独董比例（ $\mathrm{DD}_{i,t-1}$ ）、公司的股权集中度（ $\mathrm{FSR}_{i,t-1}$ ）、公司的监事会规模（ $\mathrm{SS}_{i,t-1}$ ）、公司的二职合一（ $\mathrm{dual}_{i,t-1}$ ）等变量控制企业特征。本文另外加入公司的股权集中度（ $\mathrm{FSR}_{i,t-1}$ ）作为控制变量，是考虑到公司的股权集中度（ $\mathrm{FSR}_{i,t-1}$ ）决定着上市公司控制权的分布，大股东出于自身利益的需要一方面可能会提高对董事长的约束（陈智和徐广成 2011），另一方面，会出现大股东和董事长共谋（周林洁和邱汛 2013），因此，加入公司的股权集中度（ $\mathrm{FSR}_{i,t-1}$ ）作为企业特征与董事长辞职存在相关关系的变量。另外，加入公司的高管团队规模（ $\mathrm{BS}_{i,t-1}$ ）作为控制变量有如下两个原因：首先，它对公司高管团队成员的异质性水平有很大的影响

（Buyl et al. 2010），因为拥有更多成员的高管团队的异质性水平可能更高；其次，团队规模与团队运作流程直接相关，从而影响公司的业绩。对于各控制变量的定义见表1。

表1 变量定义

控制变量	定义	计算方法
$size_{i,t-1}$	公司规模	t–1期公司的总资产的自然对数
$growth_{i,t-1}$	公司的成长性	t–1期公司的总资产的增长率
$leverage_{i,t-1}$	公司的财务风险	t–1期公司的资产负债比
$DD_{i,t-1}$	公司的独董比例	t–1期公司的独立董事人数与董事会人数之比
$FSR_{i,t-1}$	公司的股权集中度	t–1期第一大股东的持股比例
$SS_{i,t-1}$	公司的监事会规模	t–1期监事会中监事的总人数
$dual_{i,t-1}$	公司的二职合一	t–1期若董事长与总经理由一人兼任则为1，反之则为0
$BS_{i,t-1}$	公司的高管团队规模	t–1期公司的高管团队的总人数

（三）模型设定

对于假设1，模型设定如下：

$$\text{turnover}_{i,t} = \alpha_0 + \alpha_1 \text{ROA}_{i,t-1} + \alpha_2 \text{control variables}_{t-1} + \sum \beta_i \text{industry} + \sum \gamma_i \text{year} + \varepsilon_{t-1} \quad (1)$$

其中，自变量$\text{ROA}_{i,t-1}$为董事长辞职前一年的公司业绩；因变量为$\text{turnover}_{i,t}$，若t期公司发生董事长辞职，则$\text{turnover}_{i,t}$记为1，否则为0；α_0为截距项；α_1为自变量$\text{ROA}_{i,t-1}$的系数；ε_{t-1}为随机扰动项；industry与year分别为行业虚拟变量与年份虚拟变量；control variables$_{t-1}$为t–1期控制变量；α_2为控制变量的系数。

公式（1）中的模型用以检验假设1，即检验新三板公司业绩是否对新三板董事长辞职产生负向影响。

对于假设2（a）~假设2（f），模型设定如下：

$$\text{ROA}_{i,t-1} = \alpha_0 + \alpha_1 X_{i,t-1} + \alpha_2 \text{control variables}_{t-1} + \sum \beta_i \text{industry} + \sum \gamma_i \text{year} + \varepsilon_{t-1} \quad (2)$$

其中，$X_{i,t-1}$分别为$\text{hage}_{i,t-1}$、$\text{htenure}_{i,t-1}$、$\text{hmajor}_{i,t-1}$、$\text{hgender}_{i,t-1}$、$\text{hfunction}_{i,t-1}$、$\text{heducation}_{i,t-1}$；因变量$\text{ROA}_{i,t-1}$为董事长辞职前一年的公司业绩；$\alpha_0$为截距项；$\alpha_1$为自变量$X_{i,t-1}$的系数；$\varepsilon_{t-1}$为随机扰动项；industry与year分别为行业虚拟变量与年份虚拟变量；control variables$_{t-1}$为t–1期控制变量；α_2为控制变量的系数。

公式（2）中的模型用以检验假设2（a）~假设2（f），即检验新三板公司高管团队异质性相关维度是否对新三板公司董事长辞职产生影响。

对于假设3（a）~假设3（f），模型设定如下：

$$\Delta\text{ROA}_{i,t-1} = \alpha_0 + \alpha_1 X_{i,t-1} + \alpha_2 \text{control variables}_{t-1} + \sum \beta_i \text{industry} + \sum \gamma_i \text{year} + \varepsilon_{t-1} \quad (3)$$

其中，$X_{i,t-1}$分别为$\text{hage}_{i,t-1}$、$\text{htenure}_{i,t-1}$、$\text{hmajor}_{i,t-1}$、$\text{hgender}_{i,t-1}$、$\text{hfunction}_{i,t-1}$、

$heducation_{i,t-1}$；因变量$\Delta ROA_{i,t-1}$为董事长辞职后一年公司的$ROA_{i,t+1}$与董事长辞职前一年的$ROA_{i,t-1}$差值衡量的业绩改善；α_0为截距项；α_1为自变量$X_{i,t-1}$的系数；ε_{t-1}为随机扰动项，industry与year分别为行业虚拟变量与年份虚拟变量；control $variables_{t-1}$为$t-1$期控制变量；α_2为控制变量的系数。

公式（3）中的模型用以检验假设3（a）~假设3（f），即检验新三板公司高管团队异质性是否对新三板公司董事长辞职后公司的业绩改善产生影响。李卫宁和李莉（2015）的实证研究结果显示，公司的年龄显著影响公司的业绩改善，故增加公司年龄（Age）作为控制变量。

四、实证结果与分析

（一）描述性统计

表2包含了样本中2011~2016年所有新三板公司董事长辞职的情况，从表2中可以看出，自2012年开始，新三板公司董事长辞职的频率随着年度呈现上升的趋势，最高为2016年的1.40%，平均变更频率为0.65%。

表2　新三板公司董事长辞职的年度分布

年度	公司数/个	董事长辞职人数/位	频率
2011	111	1	0.90%
2012	200	0	0
2013	356	1	0.28%
2014	1 576	7	0.44%
2015	5 129	45	0.88%
2016	11 222	157	1.40%

表3包含了新三板公司董事长辞职的行业分布，从表3中可以看出，不同行业发生董事长辞职事件的频率是不同的，董事长辞职频率最低的是水利、环境和公共设施管理业，为1.00%，辞职频率最高的行业是居民服务、修理和其他服务业，为7.14%；发生董事长辞职事件次数最多的是制造业（96次），发生董事长辞职事件次数最少的行业是卫生和社会工作（1次）、住宿和餐饮业（1次）。

表3 新三板公司董事长辞职的行业分布

行业	次数/次	该行业公司总数/个	频率
电力、热力、燃气及水生产和供应业	2	120	1.67%
房地产业	2	86	2.33%
建筑业	6	362	1.66%
交通运输、仓储和邮政业	3	181	1.66%
教育	3	85	3.53%
综合类	6	145	4.14%
居民服务、修理和其他服务业	3	42	7.14%
科学研究和技术服务业	11	493	2.23%
农、林、牧、渔业	6	212	2.83%
批发和零售业	9	519	1.73%
水利、环境和公共设施管理业	2	201	1.00%
卫生和社会工作	1	52	1.92%
文化、体育和娱乐业	10	247	4.05%
信息传输、软件和信息技术服务业	40	2 212	1.81%
制造业	96	5 667	1.69%
住宿和餐饮业	1	34	2.94%
租赁和商务服务业	10	564	1.77%
总计	211	11 222	1.88%

经过检验，新三板公司董事长辞职对照组中的ROA与adjROA均无显著差异，说明配对样本的选择没有明显的偏差。表4中显示了董事长辞职样本组与对照组相关变量的差异情况，从表4中可以看出，新三板公司董事长辞职样本组的ROA显著低于对照组的董事长不变的公司，且在0.01的水平上显著，说明对照组的盈利情况好于样本组，初步支持了本文的假设1；观察公司治理相关指标，董事长辞职样本组的BS、DD显著低于对照组，均在0.05的水平上显著；观察高管团队异质性相关指标，样本组高管团队异质性的相关指标（年龄异质性、专业背景异质性、性别异质性、行业经历异质性）与对照组均有显著差异；董事长辞职样本组的年龄异质性指标的均值高于对照组；对于样本组而言，高管团队异质性其他维度指标（除年龄异质性）的均值均低于对照组；目前尚不能说明公司业绩在董事长辞职与高管团队异质性之间的中介效应，我们需要通过后面的回归分析进行进一步分析验证。此外，样本组和对照组的公司规模的均值和中位数均没有显著差异，这是由于选择的配对方法减弱了公司规模的影响。

表4 样本组与对照组的描述性统计

董事长辞职	样本组		对照组		t	wilcoxon
	均值	中位数	均值	中位数	均值检验	中位数检验
hage	0.27	0.24	0.23	0.23	-2.94^{***}	-2.73^{***}
htenure	0.10	0	0.12	0	0.19	0.91
hmajor	0.32	0.44	0.42	0.44	5.03^{***}	5.71^{***}
hgender	0.30	0.38	0.34	0.38	2.02^{**}	2.53^{**}
hfunction	0.47	0.61	0.60	0.61	7.43^{***}	7.32^{***}
heducation	0.45	0.48	0.48	0.48	1.34	1.69^{*}
ROA	4.85%	7.94%	10.17%	8.08%	2.97^{***}	3.26^{***}
adjROA	−4.89%	−1.26%	0.71%	−1.19%	3.24^{***}	3.38^{***}
size	0.18	0.18	0.18	0.18	−0.47	−0.54
leverage	0.43	0.41	0.42	0.41	−0.20	−0.18
FSR	39.77%	28.64%	17.77%	28.80%	-8.27^{***}	-7.81^{***}
BS	5.47	5.00	5.71	5.00	2.15^{**}	2.20^{**}
DD	0.02	0	0.04	0	2.16^{**}	2.25^{**}
SS	3.06	3.00	3.07	3.00	0.31	0.25
dual	0.57	1.00	0.43	1.00	-2.94^{***}	-2.92^{***}
growth	41.36%	11.30%	94.25%	11.44%	1.63^{*}	1.55^{*}

*、**、***分别表示在 0.1、0.05 和 0.01 的统计水平上显著

（二）回归分析

1. 董事长辞职与公司业绩

从表5中第（1）列可以看出，ROA多元线性回归的系数为-0.003，并且在0.05的水平上显著，表5的结果表明，新三板公司的董事长会因公司的业绩表现不好而辞职，支持假设1。采用经行业中位数调整过的ROA进行稳健性检验，如表5中第（2）列所示，结果与表5中第（1）列一致。此外，通过运用Logit回归，如表5中第（3）列、第（4）列所示，Logit回归方程中ROA的系数为-0.013，并且在0.05的水平上显著，回归方程整体也通过了检验，表5中第（3）列和第（4）列结果与前文一致，结论保持不变。

表5 董事长辞职与公司业绩

变量	模型7-多元线性回归		模型7-Logit回归	
	turnover		turnover	
	（1）	（2）	（3）	（4）
ROA	-0.003^{**}		-0.013^{**}	
	（-1.98）		（-2.03）	
adjROA		-0.003^{**}		-0.013^{**}
		（-2.02）		（-2.07）
size	-0.015	-0.015	-0.087	-0.086
	（-0.74）	（-0.73）	（-0.87）	（-0.86）

续表

变量	模型7-多元线性回归		模型7-Logit回归	
	turnover		turnover	
	（1）	（2）	（3）	（4）
leverage	0	0	0	0
	（0.01）	（0.01）	（0.07）	（0.06）
FSR	0.006***	0.006**	0.030***	0.030***
	（7.83）	（7.84）	（7.09）	（7.09）
BS	0.041*	0.041*	0.209*	0.208*
	（1.76）	（1.75）	（1.85）	（1.84）
DD	0.177	0.180	0.764	0.780
	（0.67）	（0.68）	（0.60）	（0.61）
SS	0.001	0	0.011	0.011
	（0.01）	（0.01）	（0.03）	（0.03）
dual	-0.096**	-0.096**	-0.476**	-0.476**
	（-2.00）	（-2.00）	（-2.03）	（-2.03）
growth	0	0	-0.001	-0.001
	（0.97）	（0.95）	（-1.01）	（-1.01）
截距项	0.781	0.764	0.051	-0.067
	（1.18）	（1.15）	（0.02）	（-0.03）
年份	控制	控制	控制	控制
行业	控制	控制	控制	控制
调整的R^2	0.213 9	0.147 4		
F统计量	3.199 3	3.205 0		
Pseudo R^2			0.169 1	0.169 5
N	422	422	422	422

*、**、***分别表示在 0.1、0.05 和 0.01 的统计水平上显著

2. 公司业绩与高管团队异质性

表6报告了高管团队的年龄异质性、任期异质性、专业背景异质性与公司业绩相关性的回归结果，结果见表6中的第（1）~（6）列。其中奇数列公司业绩的衡量指标是ROA，偶数列公司业绩的衡量指标是经行业调整后的ROA，用于做稳健性检验。表7中列示高管团队的性别异质性、行业经历异质性及受教育水平异质性与公司业绩相关性的回归结果，结果见表7中的第（1）~（6）列。由表6的第（1）列、第（2）列可知，hage与ROA的回归系数为-15.194，并且在0.05的水平上显著，说明高管团队年龄异质性与公司业绩呈负相关关系。实证结果支持了假设2（a）。由表7的第（1）列、第（2）列可知，hgender与ROA的回归系数为8.405，并且在0.1的水平上显著，说明高管团队性别异质性与公司业绩呈正相关关系。实证结果支持了假设2（d）。由表6及表7中的第（3）~（6）列，假设2（b）、假设2（c）、假设2（e）、假设2（f）相关假设均未得到支持，htenure，hmajor，hfunction，heducation与ROA的回归系数均不显著，究其原因，大致有如下三点：第一，任期、专业背景、行业经历及受教育水平的异质性与新三板董事长辞职公司的业绩无关，

既不能用信息决策理论来解释，也不能用社会分类理论来解释，如不同任期的团队成员不一定能够提高业绩表现，因为较好的业绩表现不是简单的任期异质性的结果。第二，两种观点均为正确的，并且相关维度所带来的正负效应是相互抵消的，产生了统计学上接近零的关系。第三，团队冲突、沟通过程产生的损失可能与团队成员相互信任过程中产生的收益交叉联系，相互抵消并产生净效应为零的结果（Mathieu et al. 2008）。表7的第（7）列与第（8）列是hage、htenure、hmajor、hgender、hfunction、heducation这六个因变量与ROA共同回归的检验结果，检验结果与单个因变量各自与ROA回归检验结果相一致。

表6　公司业绩与高管团队年龄、任期及专业背景异质性

变量	模型1（a）和模型1（b）		模型2（a）和模型2（b）		模型3（a）和模型3（b）	
	ROA	adjROA	ROA	adjROA	ROA	adjROA
	（1）	（2）	（3）	（4）	（5）	（6）
hage	−15.194**	−15.025**				
	（−2.51）	（−2.48）				
htenure			−3.755	−3.713		
			（−0.70）	（−0.69）		
hmajor					2.246	2.137
					（0.49）	（0.46）
size	2.881***	2.881***	3.041***	3.040***	3.082***	3.080***
	（3.68）	（3.68）	（3.87）	（3.87）	（3.93）	（3.93）
leverage	−0.106***	−0.106***	−0.105***	−0.104***	−0.106***	−0.105***
	（−2.96）	（−2.93）	（−2.89）	（−2.87）	（−2.91）	（−2.88）
FSR	−0.054*	−0.052*	−0.051	−0.049	−0.050	−0.049
	（−1.74）	（−1.68）	（−1.63）	（−1.57）	（−1.60）	（−1.55）
BS	−1.371	−1.417	−1.060	−1.109	−1.137	−1.184
	（−1.50）	（−1.55）	（−1.16）	（−1.21）	（−1.24）	（−1.29）
DD	−10.350	−9.025	−11.473	−10.136	−10.766	−9.450
	（−1.00）	（−0.87）	（−1.10）	（−0.97）	（−1.03）	（−0.91）
SS	2.914	2.828	2.733	2.649	2.671	2.591
	（1.00）	（0.97）	（0.93）	（0.90）	（0.91）	（0.88）
dual	−5.646***	−5.719***	−5.588***	−5.546***	−5.417***	−5.543***
	（−3.12）	（−3.05）	（−3.05）	（−2.98）	（−2.97）	（−2.90）
growth	−0.001	−0	−0.001	0	−0.001	0
	（−0.20）	（−0.02）	（−0.35）	（0.16）	（−0.31）	（0.12）
截距项	−76.268***	−81.301***	−80.873***	−85.854***	−81.681***	−86.654***
	（−2.99）	（−3.18）	（−3.15）	（−3.35）	（−3.19）	（−3.38）
年份	控制	控制	控制	控制	控制	控制
行业	控制	控制	控制	控制	控制	控制
调整的R^2	0.067 7	0.070 7	0.053 8	0.057 1	0.053 2	0.069 4
F统计量	1.926 8	1.969 9	1.725 9	1.772 4	1.716 6	1.950 7
N	422	422	422	422	422	422

*、**、***分别表示在 0.1、0.05 和 0.01 的统计水平上显著

表7 公司业绩与高管团队性别、行业经历及受教育水平异质性

变量	模型4（a）和模型4（b）		模型5（a）和模型5（b）		模型6（a）和模型6（b）		模型7（a）和模型7（b）	
	ROA	adjROA	ROA	adjROA	ROA	adjROA	ROA	adjROA
	（1）	（2）	（3）	（4）	（5）	（6）	（7）	（8）
hage							−15.673**	−15.638**
							（−2.51）	（−2.50）
htenure							−3.888	−3.871
							（−0.71）	（−0.71）
hmajor							5.317	4.971
							（1.16）	（1.07）
hgender	8.405*	8.253*					8.304*	8.465*
	（1.67）	（1.64）					（1.64）	（1.67）
hfunction			−5.243	−5.156			−6.060	−5.284
			（−0.99）	（−1.01）			（−0.97）	（−0.85）
heducation					−0.975	−1.398	−0.706	−1.153
					（−0.21）	（−0.30）	（−0.15）	（−0.24）
size	3.239***	3.242***	3.059***	3.058***	3.061***	3.057***	3.095***	3.094***
	（4.08）	（4.08）	（3.90）	（3.90）	（3.90）	（3.89）	（3.90）	（3.90）
leverage	−0.108***	−0.107***	−0.104***	−0.103***	−0.105***	−0.104***	−0.112***	−0.111***
	（−2.97）	（−2.96）	（−2.87）	（−2.85）	（−2.89）	（−2.87）	（−3.09）	（−3.07）
FSR	−0.051	−0.049	−0.057*	−0.055*	−0.053*	−0.051*	−0.048	−0.046
	（−1.63）	（−1.57）	（−1.81）	（−1.74）	（−1.69）	（−1.64）	（−1.52）	（−1.46）
BS	−1.091	−1.140	−1.153	−1.197	−1.085	−1.125	−1.437	−1.462
	（−1.20）	（−1.25）	（−1.26）	（−1.31）	（−1.18）	（−1.22）	（−1.55）	（−1.58）
DD	−11.909	−10.597	−11.592	−10.213	−11.077	−9.720	−11.162	−9.828
	（−1.15）	（−1.02）	（−1.12）	（−0.98）	（−1.07）	（−0.93）	（−1.07）	（−0.95）
SS	2.732	2.646	2.829	2.739	2.778	2.698	2.645	2.574
	（0.93）	（0.91）	（0.97）	（0.94）	（0.95）	（0.92）	（0.91）	（0.88）
dual	−5.412***	−5.743***	−5.596***	−5.596***	−5.579***	−5.454***	−6.048***	−5.912***
	（−2.98）	（−2.91）	（−3.07）	（−2.99）	（−2.99）	（−2.92）	（−3.23）	（−3.15）
growth	−0.001	−0.001	−0.001	−0.001	−0.001	−0.001	−0.001	0.001
	（−0.31）	（−0.29）	（−0.34）	（−0.28）	（−0.36）	（−0.32）	（−0.12）	（0.05）
截距项	−86.401***	−91.499***	−79.359***	−84.560***	−80.954***	−85.604***	−77.916***	−83.029***
	（−3.34）	（−3.54）	（−3.09）	（−3.29）	（−3.13）	（−3.31）	（−2.99）	（−3.18）
年份	控制	控制	控制	控制	控制	控制	控制	控制
行业	控制	控制	控制	控制	控制	控制	控制	控制
调整的R^2	0.062 1	0.062 9	0.055 0	0.057 8	0.052 8	0.056 1	0.067 1	0.069 7
F统计量	1.844 4	1.857 0	1.742 9	1.783 3	1.710 4	1.758 4	1.800 0	1.830 0
N	422	422	422	422	422	422	422	422

*、**、***分别表示在 0.1、0.05 和 0.01 的统计水平上显著

3. 业绩改善与高管团队异质性

从表8与表9中可以看出hage、htenure、hgender对业绩变化的回归结果不显著，从表9中可以看出，专业背景异质性hmajor的回归系数是19.542，并在0.1的水平上显著，方程的*F*统计量为2.19，回归方程整体通过了检验，说明对于新三板董事长辞职的公司，高管团队专业背景异质性与业绩改善呈正相关关系。同理，行业经历异质性hfunction的回归系数是41.578，并在0.05的水平上显著，方程的*F*统计量为1.58，回归方程整体通过了检验，说明对于新三板董事长辞职的公司，高管团队行业经历异质性与新三板董事长辞职后公司的业绩改善呈正相关关系。因此，我们认为，高管团队专业背景异质性、行业经历异质性和业绩改善呈正相关关系，公司应致力于构建专业背景及行业经历异质程度高的高管团队，特别是对于发生董事长辞职的公司，专业背景及行业经历异质程度较高的高管团队更有可能在董事长辞职后达到业绩改善的目的。

表8 董事长辞职前的hage、htenure、hgender与董事长辞职后业绩改善的回归结果

变量	ΔROA	ΔadjROA	ΔROA	ΔadjROA	ΔROA	ΔadjROA
	(1)	(2)	(3)	(4)	(5)	(6)
hage	7.756	7.440				
	(0.41)	(0.39)				
htenure			1.910	1.951		
			(0.19)	(0.21)		
hgender					2.018	2.123
					(0.22)	(0.24)
age	−1.006**	−0.986**	0.957**	0.912**	−1.024**	1.041**
	(−2.20)	(−2.25)	(−2.18)	(−2.08)	(−2.12)	(−2.16)
size	0.468	0.491	0.544	0.544	0.759	0.800
	(0.60)	(0.62)	(0.71)	(0.70)	(0.99)	(0.98)
leverage	0.295**	0.299**	0.232*	0.227*	0.262*	0.266*
	(2.35)	(2.38)	(1.92)	(1.87)	(2.01)	(2.04)
FSR	0.072	0.074	0.062	0.061	0.057	0.063
	(0.70)	(0.72)	(0.63)	(0.61)	(0.52)	(0.58)
BS	3.292	3.137	−3.968*	−3.968*	−2.538	−2.473
	(1.32)	(1.26)	(−1.67)	(−1.68)	(−0.98)	(−0.96)
DD	7.098	7.542	1.773	1.329	0.490	0.849
	(0.32)	(0.34)	(0.08)	(0.06)	(0.02)	(0.04)
SS	2.664	2.504	8.219	7.639	−5.478	−5.292
	(0.34)	(0.32)	(0.98)	(0.92)	(−0.66)	(−0.64)
dual	6.432	6.024	4.737	4.648	5.801	5.911
	(1.28)	(1.21)	(1.04)	(1.02)	(1.14)	(1.16)

续表

变量	ΔROA	ΔadjROA	ΔROA	ΔadjROA	ΔROA	ΔadjROA
	(1)	(2)	(3)	(4)	(5)	(6)
growth	0.006	0.005	0.023	0.022	0.017	0.016
	(0.23)	(0.21)	(0.95)	(0.92)	(0.63)	(0.64)
截距项	14.722	13.786	11.677	10.303	9.916	10.715
	(0.41)	(0.38)	(0.32)	(0.28)	(0.26)	(0.28)
*F*统计量	0.92	0.90	0.86	0.88	0.87	0.88
调整的R^2	0.158 6	0.155 6	0.149 6	0.152 6	0.151 1	0.152 6
N	54	54	54	54	54	54

*、**分别表示在 0.1 和 0.05 的统计水平上显著

表9 董事长辞职前的hmajor、hfunction、heducation与董事长辞职后业绩改善的回归结果

变量	ΔROA	ΔadjROA	ΔROA	ΔadjROA	ΔROA	ΔadjROA
	(1)	(2)	(3)	(4)	(5)	(6)
hmajor	19.542*	19.551*				
	(1.92)	(1.92)				
hfunction			41.578**	40.737**		
			(2.66)	(2.60)		
heducation					3.731	3.031
					(0.18)	(0.15)
age	−1.016**	−1.027**	−0.988**	−1.000**	−1.077**	−1.089**
	(−2.22)	(−2.25)	(−2.25)	(−2.28)	(−2.23)	(−2.26)
size	0.554	0.554	0.230	0.233	0.807	0.800
	(0.71)	(0.70)	(0.30)	(0.30)	(0.99)	(0.98)
leverage	−0.333**	−0.337**	−0.211*	−0.215*	−0.282**	−0.286**
	(−2.65)	(−2.68)	(−1.74)	(−1.77)	(−2.16)	(−2.19)
FSR	0.065	0.063	0.045	0.043	0.037	0.035
	(0.63)	(0.61)	(0.46)	(0.43)	(0.34)	(0.32)
BS	−3.991	−4.033	−3.968*	−3.993*	−3.160	−3.195
	(−1.60)	(−1.62)	(−1.67)	(−1.68)	(−1.22)	(−1.24)
DD	9.538	9.982	1.108	1.551	0.735	1.273
	(0.43)	(0.45)	(0.05)	(0.07)	(0.03)	(0.06)
SS	−7.602	−7.592	2.684	2.491	−7.470	−7.442
	(−0.97)	(−0.97)	(0.32)	(0.30)	(−0.90)	(−0.90)
dual	5.427	5.526	8.609*	8.704*	8.599*	8.664*
	(1.08)	(1.11)	(1.89)	(1.91)	(1.69)	(1.70)
growth	0.011	0.010	0.014	0.013	0.016	0.015
	(0.43)	(0.39)	(0.59)	(0.54)	(0.60)	(0.59)

续表

变量	ΔROA	ΔadjROA	ΔROA	ΔadjROA	ΔROA	ΔadjROA
	(1)	(2)	(3)	(4)	(5)	(6)
截距项	21.904	21.767	−12.042	−15.823	18.687	14.542
	(0.61)	(0.60)	(−0.33)	(−0.43)	(0.49)	(0.38)
F统计量	2.19	2.20	1.58	1.55	1.02	0.99
调整的R^2	0.317 2	0.318 2	0.247 9	0.244 2	0.173 3	0.168 9
N	54	54	54	54	54	54

*、**分别表示在 0.1 和 0.05 的统计水平上显著

五、中介效应检验

参考Baron和Kenny（1986）提出的因果分析法，运用公式（4）中的模型检验 $\text{ROA}_{i,t-1}$ 的中介效应。

对于本文而言，我们认为高管团队异质性通过公司业绩对董事长辞职产生影响，认为公司业绩是中介变量。此时，我们认为，高管团队异质性对董事长辞职可以界定为直接效应，公司业绩具有中介效应。

对于中介效应检验，我们列示如下三个方程分别表示中介效应的三个检验步骤：

$$\text{turnover}_{i,t} = \alpha_0 + \alpha_1 X_{i,t-1} + \alpha_2 \text{control variables}_{t-1} + \sum \beta_t \text{industry} + \sum \gamma_t \text{year} + \varepsilon_{t-1} \quad (4)$$

$$\text{ROA}_{i,t-1} = \alpha_0 + \alpha_1 X_{i,t-1} + \alpha_2 \text{control variables}_{t-1} + \sum \beta_t \text{industry} + \sum \gamma_t \text{year} + \varepsilon_{t-1} \quad (5)$$

$$\begin{aligned}\text{turnover}_{i,t} = {} & \alpha_0 + \alpha_1 X_{i,t-1} + \alpha_2 \text{ROA}_{i,t-1} + \alpha_3 \text{control variables}_{t-1} + \sum \beta_t \text{industry} \\ & + \sum \gamma_t \text{year} + \varepsilon_{t-1}\end{aligned} \quad (6)$$

其中，$X_{i,t-1}$ 分别为 $\text{hage}_{i,t-1}$、$\text{htenure}_{i,t-1}$、$\text{hmajor}_{i,t-1}$、$\text{hgender}_{i,t-1}$、$\text{heducation}_{i,t-1}$ 经过模型（2）检验后显著的自变量 $\text{hage}_{i,t-1}$、$\text{hgender}_{i,t-1}$。

公式（4）检验自变量高管团队异质性对因变量董事长辞职的总效应，要求公式（4）中的 $\alpha_1 \neq 0$ 且显著；公式（5）检验自变量高管团队异质性对中介变量公司业绩的作用，公式（5）中 $\alpha_1 \neq 0$ 且显著是中介作用存在的必要条件。公式（6）包含因变量董事长辞职和自变量高管团队异质性，$\alpha_2 \neq 0$ 且显著同样也是中介作用存在的必要条件，当满足公式（4）的 $\alpha_1 \neq 0$、公式（5）的 $\alpha_1 \neq 0$、公式（6）的 $\alpha_2 \neq 0$ 且都显著，就说明存在中介效应；此时若公式（6）的 $\alpha_1 \neq 0$ 且显著，则为部分中介效应；若 α_1=0 或不显著，则为完全中介效应，即直接效果为零。中介效应检验的结果见表10及表11。

表10 hage、hgender中介效应第一步骤检验

变量	turnover	
	（1）	（2）
hage	−0.438***	
	（−2.83）	
hgender		0.272**
		（2.12）
size	−0.028	−0.029
	（−1.42）	（−1.43）
leverage	0	0
	（0.25）	（0.42）
FSR	0.006***	0.006***
	（8.04）	（7.93）
BS	0.036	0.043
	（1.55）	（1.86）
DD	0.228	0.233
	（0.86）	（0.88）
SS	−0.002	−0.005
	（−0.03）	（−0.07）
dual	−0.104**	−0.109**
	（−2.21）	（−2.30）
growth	0	0
	（0.79）	（0.97）
截距项	1.147	1.157
	（1.75）	（1.75）
F统计量	3.35	3.17
调整的R^2	0.155 8	0.145 6
N	422	422

、*分别表示在 0.05 和 0.01 的统计水平上显著

表11 hage、hgender中介效应第三步骤检验

变量	turnover			
	（1）	（2）	（3）	（4）
ROA	−0.003**	−0.002**		
	（−2.38）	（−2.12）		
adjROA			−0.003**	−0.002**
			（−2.42）	（−2.14）
hage	−0.485***		−0.485***	
	（−3.12）		（−3.12）	

续表

变量	turnover			
	（1）	（2）	（3）	（4）
hgender		0.216		0.216
		（1.68）		（1.67）
size	−0.020	−0.021	−0.019	−0.021
	（−0.97）	（−1.03）	（−0.96）	（−1.02）
leverage	0	0	0	0
	（−0.10）	（0.14）	（−0.10）	（0.14）
FSR	0.006***	0.006***	0.006***	0.006***
	（7.84）	（7.77）	（7.85）	（7.78）
BS	0.032	0.041	0.032	0.041
	（1.37）	（1.75）	（1.37）	（1.74）
DD	0.196	0.204	0.200	0.207
	（0.75）	（0.77）	（0.76）	（0.78）
SS	0.007	0.001	0.006	0.001
	（0.09）	（0.02）	（0.09）	（0.02）
dual	−0.087	−0.096**	−0.087	−0.096
	（−1.82）	（−2.00）	（−1.82）	（−2.01）
growth	0	0	0	0
	（0.82）	（1.00）	（0.79）	（0.98）
年份	控制	控制	控制	控制
行业	控制	控制	控制	控制
调整的R^2	0.165 8	0.151 0	0.166 2	0.151 3
F统计量	3.46	3.20	3.47	3.21
N	422	422	422	422

、*分别表示在 0.05 和 0.01 的统计水平上显著

表10报告了hage、hgender中介效应的第一步骤检验结果，检验了自变量hage、hgender对因变量turnover的总效应，hage、hgender的系数不为0且显著。中介效应的第二步骤检验结果见表6的第（1）列、第（2）列与表7的第（1）列、第（2）列。由表6的第（1）列、第（2）列可知ROA与hage的回归系数显著为负值；由表7的第（1）列、第（2）列可知ROA与hgender的回归系数显著为正值。表11报告了hage、hgender中介效应的第三步骤检验结果，由表11的第（1）列、第（3）列可知turnover与hage的回归系数显著且为负值，turnover与ROA、adjROA的回归系数显著且为负值。综合表6、表10、表11可知，ROA在turnover与hage之间存在部分中介效应；由表11的第（2）列、第（4）列可知ROA与adjROA的系数显著为负值，hgender的回归系数不显著，综合表7、表10、表11，ROA在turnover与hgender之间存在完全中介效应。

六、研究结论及对策建议

（一）研究结论

本文通过研究发现，公司业绩是董事长辞职与年龄、性别异质性之间的中介变量，公司业绩在董事长辞职与年龄异质性之间存在部分中介效应，与性别异质性之间存在完全中介效应。年龄、性别的异质程度对公司业绩的影响是不同的，年龄异质程度越小、性别异质程度越大，公司业绩表现越好，董事长辞职的概率越小；另外，专业背景、行业经历异质性也能促进新三板董事长辞职的公司“换帅”后的业绩改善。

（二）对策建议

从上文的研究结果可看出，董事长辞职是较差的业绩引起的，而较差的业绩是不合理的高管团队结构引起的，因此，根据上述研究结论，我们给出如下的对策建议。

1. 公司应致力于构建年龄同质化程度高的高管团队，从而提升公司业绩，降低董事长辞职的概率

高管团队年龄异质性程度与公司业绩呈负相关关系，年龄较大的成员和较年轻的成员之间的差异非常显著，增加了社会分类的风险，阻碍团队内成员的协作（van Knippenberg et al. 2011）。此外，团队内成员对不同于自己年龄段的成员带有偏见。因此，对于处于构建初期的年龄异质性程度高的高管团队，采取如下两种对策，优化团队成员结构：①更换部分成员，使得高管团队的年龄异质性程度降低。②若考虑到更换成员所引起的管理层动荡会对公司业绩产生影响，则可考虑以下四种对策。对策一，在工作场所提供年龄差异化的工作设计和干预方法，即按照不同的年龄段划分工作区；对策二，以公平和透明的方式平衡不同年龄段高管成员的不同需求和期望；对策三，提供年龄异质性培训，增加团队中成员将年龄异质性作为资源的理解，以及鼓励成员对不同年龄组成员优势的认识；对策四，在人事战略和决策中避免以年龄作为资格条件。

2. 公司应致力于构建性别异质化程度高的高管团队，从而提升公司业绩，降低董事长辞职的概率

首先，性别异质性程度高的高管团队将会更好地了解市场，在细分市场中，生产的产品或提供的服务能更好地满足客户需求，对业绩有积极影响。同时，性别异质性程度高的高管团队将会有更高的创造力，表现出更多的创新行为。其次，高管团队性别的多元化会带来更好的公司形象，从而获得更高的业绩。另外，如果高管团队成员的遴选过程只包括男性候选人，那么公司就会在较小的样本中选择经理和董事，因此可能会错过最合适的人选。

从实践的角度来看，我们最不愿意看到的是皆由身着灰色西装组成的男性高管团队。这样的组合很可能会导致“群体思维”，并阻碍产生新鲜的、有创意的想法或是“开箱即用”的方案。在新三板市场，公司应考虑高管团队性别的异质性，以从人们的差异中获利，而不是将其视为成本或障碍。性别异质程度高的高管团队通过涓滴效应（Boehm et al. 2014），向利益相关者发出平等的信号，有利于公司管理。

3. 公司应致力于构建专业背景及行业经历异质程度高的高管团队，特别是对于发生董事长辞职的公司，专业背景及行业经历异质程度更高的高管团队更有可能在董事长辞职后达到业绩改善的目的

行业经历异质程度高的高管团队有着更广泛的认知资源，便于更好地解决问题，其社会地位的形成是伴随着多样化的行业经历，在不同行业积累的不同人脉与业务经验能够帮助团队对公司原有的战略摆脱固有的约束，在董事长辞职后，高管团队成员仍能快速分析市场环境，做出正确决策。专业背景异质性影响高管团队的认知能力，成员专业背景异质程度高为团队带来了认知视角的异质性，而认知视角的异质性又增强了对复杂环境的适应能力，更有可能进行有效决策（Zott 2007），从而在董事长辞职后达到业绩改善的目的。

参 考 文 献

陈丽蓉，韩彬，杨兴龙. 2015. 企业社会责任与高管变更交互影响研究——基于 A 股上市公司的经验证据. 会计研究，（8）：57-64.

陈智，徐广成. 2011. 中国企业社会责任影响因素研究——基于公司治理视角的实证分析. 软科学，25（4）：106-111.

丁友刚，宋献中. 2011. 政府控制、高管更换与公司业绩. 会计研究，（6）：70-76.

蒋荣，刘星. 2008. 上市公司内控机制的效率评价：公司业绩与总经理变更视角. 软科学，22(2)：128-133.

李华晶，邢晓东. 2007. 高管团队与公司创业战略：基于高阶理论和代理理论融合的实证研究. 科学学与科学技术管理，28（9）：139-144.

李卫宁，李莉. 2015. TMT 异质性、战略变革与绩效改善的关系研究——基于绩效下滑的非多元化企业的数据实证. 中国管理科学，23（6）：153-161.

刘青松，肖星. 2015. 败也业绩，成也业绩？——国企高管变更的实证研究. 管理世界，（3）： 151-163.

张平，黄智文，高小平. 2014. 企业政治关联与创业企业创新能力的研究——高层管理团队特征的影响. 科学学与科学技术管理，35（3）：117-125.

周林洁，邱汛. 2013. 政治关联、所有权性质与高管变更. 金融研究，（10）：194-206.

Balkundi P，Kilduff M，Barsness Z I，et al. 2007. Demographic antecedents and performance consequences of structural holes in work teams. Journal of Organizational Behavior，28（2）：241-260.

Baron R M, Kenny D A. 1986. The moderator-mediator variable distinction in social psychological research: conceptual, strategic, and statistical considerations. Journal of Personality and Social Psychology, 51: 1173-1182.

Boehm S A, Kunze F, Bruch H. 2014. Spotlight on age-diversity climate: the impact of age-inclusive HR practices on firm-level outcomes. Personnel Psychology, 67（3）: 667-704.

Buyl T, Boone C, Hendriks W, et al. 2010. Top management team functional diversity and firm performance: the moderating role of CEO characteristics. Journal of Management Studies, 48（1）: 151-177.

Carpenter M A. 2002. The implications of strategy and social context for the relationship between top management team heterogeneity and firm performance. Strategic Management Journal, 23（3）: 275-284.

Carpenter M A, Geletkanycz M A, Sanders W G. 2004. Upper echelons research revisited: antecedents, elements, and consequences of top management team composition. Journal of Management, 30（6）: 749-778.

Fama E F, Jensen M C. 1983. Separation of ownership and control. The Journal of Law and Economics, 26（2）: 301-325.

Finkelstein S, Hambrick D C. 1996. Strategic Leadership: Top Executives and Their Effects on Organizations. St. Paul: West Publishing Company.

Hambrick D C. 2007. Upper echelons theory: an update. Academy of management review, 32（2）: 334-343.

Hambrick D C, Mason P A. 1984. Upper echelons: the organization as a reflection of its top managers. The Academy of Management Review, 9（2）: 193-206.

Hogg M A, Turner J C. 1985. Interpersonal attraction, social identification and psychological group formation. European Journal of Social Psychology, 15（1）: 51-66.

Horwitz S K, Horwitz I B. 2007. The effects of team diversity on team outcomes: ameta-analytic review of team demography. Journal of Management, 33（6）: 987-1015.

Jensen M C, Meckling W H. 1976. Theory of the firm: managerial behavior, agency costs and ownership structure. Journal of Financial Economics, 3（4）: 305-360.

Kearney E, Gebert D, Voelpel S C. 2009. When and how diversity benefits teams: the importance of team members' need for cognition. Academy of Management Journal, 52（3）: 581-598.

Keck S L. 1997. Top management team structure: differential effects by environmental context. Organization Science, 8（2）: 143-156.

Mathieu J, Maynard M T, Rapp T, et al. 2008. Team effectiveness 1997-2007: a review of recent advancements and a glimpse into the future. Journal of Management, 34（3）: 410-476.

Murray A I. 1989. Top management group heterogeneity and firm performance. Strategic Management Journal, 10（S1）: 125-141.

Nelson T. 2003. The persistence of founder influence: management, ownership, and performance effects at initial public offering. Strategic Management Journal, 24（8）: 707-724.

Østergaard C R, Timmermans B, Kristinsson K. 2011. Does a different view create something new? The effect of employee diversity on innovation. Research Policy, 40（3）: 500-509.

Stewart G L. 2006. A meta-analytic review of relationships between team design features and team performance. Journal of Management, 32（1）: 29-55.

Tziner A, Eden D. 1985. Effects of crew composition on crew performance: does the whole equal the sum of its parts? Journal of Applied Psychology, 70（1）: 85-93.

van Knippenberg D, Dawson J F, West M A, et al. 2011. Diversity faultlines, shared objectives, and top management team performance. Human Relations, 64（3）: 307-336.

Wegge J, van Dick R, Fisher G, et al. 2006. Work motivation, organizational identification, and well-being in callcentre work. Work and Stress, 20（1）: 60-83.

Wiersema M F, Bantel K A, 1992. Top management team demography and corporate strategic change. The Academy of Management Journal, 35（1）: 91-121.

Zott C, Amit R. 2007. Business model design and the performance of entrepreneurial firms. Organization Science, 18（2）: 181-199.

Chairman's Resignation, Firm Performance, and Top Management Team Heterogeneity: Evidence From the OTC Market Data in China

Ping Xu[1] and Ge Chen[2]

1. School of Management, Fuzhou University, Fuzhou, Fujian, China 350116

2. Finance Department, Fujian Medical University, Fuzhou, Fujian, China 350108

Abstract: Using a sample of companies listed in the new OTC Market in China from 2009 to 2016, we examinethe interrelations among heterogeneity in human capital structure of the top management team, firmperformance, and chairman's resignation. Our results show that firm performance is a significant mediatingvariable in the relation between chairman's resignationand heterogeneity in human capital structure of the top management team. Specifically, the lower the age heterogeneity in the top managementteam is, the better the firm performance is; the higher the gender heterogeneity in the topmanagement team is, the better the firm performance is; firm performance is negativelyrelated to chairman's resignation. We further study theeffect of heterogeneity in human capital structureof the topmanagement team on firm performance after chairman's resignation, and the results show that the top management team with heterogeneous professional backgrounds and experiences can increase firm performance after chairman's resignation.

Keywords: new OTC market; resignation of chairman; firm performance; top management teamheterogeneity.

当代会计评论
第11卷第4辑
2018年

Contemporary Accounting Review
Vol.11 No.4
2018

综合报告质量的价值相关性研究
——基于《国际综合报告框架》发布的经验证据*

毛志宏　李丽
（吉林大学商学院，吉林 长春 130012）

【摘要】 本文以综合报告的发展及《国际综合报告框架》（以下简称《框架》）的发布为契机，以2012~2016年南非约翰内斯堡证券交易所（Johannesburg Stock Exchange，JSE）上市公司为样本，采用会计盈余价值相关性模型，实证检验了综合报告质量是否影响会计信息在资本市场中的作用，以及《框架》的发布对两者关系的影响。研究结果表明，企业发布高质量的综合报告能够显著增加会计信息的价值相关性，而《框架》的发布却削弱了综合报告质量与会计信息价值相关性之间的正向关系。

【关键词】 综合报告质量　会计信息　价值相关性

一、引　言

全球经济高速发展引发了日益加剧的社会和环境问题，企业与社会和环境的良性治理及可持续发展受到了世界各国的高度重视。企业战略、治理、环境和社会责任等有关企业可持续发展的非财务信息正逐渐成为衡量企业持续创造价值能力的重要标尺。然而，传统的以财务信息为主体，以创造财富为目标的企业报告方式已无法向投资者和其他利益相关者完整地反映企业价值，更难以满足为人类、社会和环境创造价值的需求，因此，企业报告急需应对全球经济与社会和环境可持续发展而进行创新和改革（Dumay et al. 2016）。2010年8月2日，国际综合报告委员会（The International Integrated Reporting Council，IIRC）应运而生，致力于在全球范围内促进和开发一种更连贯、更有效的新型

* 毛志宏，教授，E-mail：maozhihong@vip.163.com。李丽，博士研究生，E-mail：lee19870213@126.com。本文得到教育部人文社会科学研究一般项目“公允价值分层披露的经济后果研究”（14YJA630042）的研究资助。

企业报告方式，并提出了综合报告理念。综合报告理念的提出是企业报告与时俱进的创新性改革，它颠覆了传统企业报告仅以财务信息为主体的报告方式，强调公平地披露与企业价值和持续创造价值能力相关的所有财务和非财务信息。在强调全球经济与社会和环境可持续发展的背景下，涉及企业绩效、环境、治理和社会责任等全方位信息的综合报告为全球范围内企业报告方式的发展提供了参考。我国作为IIRC委员，一方面对综合报告在全球的推广和应用高度关注，并且在为综合报告的发展建言献策的同时，积极参与了综合报告框架等规则的制定工作；另一方面对加强综合报告在我国的基础性研究十分重视，积极探索综合报告对我国企业报告创新和改革的广泛影响，有序地推进综合报告在我国的研究和推广应用（财政部会计司 2017）。

2013年12月9日，IIRC发布了《国际综合报告框架》，作为企业编制综合报告的指导原则。这是IIRC及国际会计行业专家致力于推动传统企业报告模式创新和改革的重要成果。《框架》指出综合报告是将企业财务信息和非财务信息有机地整合在一起，全面、简明和连通地为企业投资者和其他利益相关者提供关于企业战略、治理、绩效和前景及企业所处外部环境（包括经济条件、技术变革、社会问题和环境挑战）的信息，并阐释企业如何在短期、中期和长期持续创造价值的能力（IIRC 2013）。具体而言，《框架》明确规定了综合报告应包含机构概述和外部环境、公司治理、商业模式、风险和机遇、战略和资源配置、绩效、前景展望、编制和列报基础八个内容元素，明晰了综合报告中涉及的资本、利益相关者和价值创造过程等基本概念，并提出了在企业编制综合报告过程中应单独或综合运用注重战略和面向未来、信息连通性和利益相关者关系等七个指导原则（IIRC 2013）[①]。在此框架下，综合报告将能够全面地反映与企业战略、治理、绩效和前景及所处外部环境相关的信息及各方面信息之间的交互影响，同时能够反映企业在短期、中期和长期持续创造及保持价值的能力。

目前，综合报告已经在亚洲、欧洲、非洲和美洲等的七个主要经济体中被推广和应用。特别是南非作为全球第一个实施且唯一强制实行综合报告的国家，被视为综合报告的发源地之一。2009年，南非董事协会在发布的第三版公司治理守则（The King Code of Governance，King Ⅲ）中首次提出，要求从2010年3月1日起在南非约翰内斯堡交易所上市的公司必须编制综合报告，否则需要解释不编制的理由。综合报告在南非的强制实施与发展，为综合报告的深入研究提供了独一无二的制度背景。当前综合报告是否影响及如何影响会计信息在资本市场中的作用，已成为会计学术界共同关注的焦点。现有文献研究表明，企业发布综合报告能够提高会计信息的价值相关性，即相比于未发布综合报告的企业，或企业未发布综合报告的年度，发布综合报告能够提高会计信息与股票价格之间的相关性（蔡海静和汪祥耀 2013，Baboukardos and Rimmel 2016，李妍锦 2017）。但现有的文献大多是将企业是否发布综合报告作为阈值进行研究，而未对综合报告后续实施的效果进行跟踪。尤其是在《框架》发布后，对企业依据《框架》编制的综合报告是否为投资者提供更全面的信息及综合报告中的会计信息在投资者决策中的作用是否发

---

① 限于篇幅，本文并未就综合报告和《框架》的具体内容进行详细的介绍，有兴趣的读者可在 IIRC 的网站（http://integratedreporting.org）上了解详情。

生变化等问题研究甚少。随着近年来综合报告的快速发展，对上述问题的研究日益迫切。因为它不仅有助于为《框架》的实施效果提供有益的反馈，也有益于IIRC对《框架》的逐步完善。此外，借鉴国外已有的研究成果，进一步探讨综合报告的有用性，对指导我国企业报告的创新和改革以及实现我国企业报告的国际趋同具有十分重要的理论意义和现实意义。

本文以2012~2016年南非约翰内斯堡证券交易所上市公司披露的综合报告为样本，以安永（南非）会计师事务所发布的企业综合报告质量评级作为综合报告质量的代理变量，在会计盈余价值相关性模型的基础上，分别检验了在强制实施综合报告后，企业发布的综合报告质量对会计信息价值相关性的影响，以及《框架》的发布是否会影响综合报告质量与会计信息价值相关性之间的关系。研究发现，与低质量综合报告中的会计信息相比，企业发布高质量综合报告能够显著提高会计信息的价值相关性。而《框架》的发布却削弱了综合报告质量与会计信息价值相关性之间的正向关系。本文的研究结果表明，综合报告的质量会影响会计信息在投资者决策中的作用。一方面，高质量的综合报告为投资者评估企业价值提供了更加真实可靠的会计信息，有助于提高会计信息在市场定价中的作用。另一方面，在《框架》发布后，以《框架》为指导编制的高质量综合报告意味着企业财务信息与非财务信息更好地整合，投资者对企业非财务信息的关注在一定程度上分散了其对会计信息的注意力，进而削弱了会计信息在投资者决策中的作用。

本文的主要贡献是：①本文的研究结论丰富了对综合报告有用性的研究成果。本文在借鉴Baboukardos和Rimmel（2016）、Barth等（2017）对综合报告有用性研究的基础上，进一步探讨了企业发布的综合报告质量对会计信息价值相关性的影响，以及《框架》发布对二者关系的影响。②本文的研究结论为《框架》的发布在综合报告实施中所发挥的作用提供了理论支撑和经验证据。本文的研究结果表明《框架》的发布削弱了综合报告质量与会计信息价值相关性之间的正向关系。这说明《框架》的发布在一定程度上改变了投资者在决策中对会计信息的依赖程度，进而更好地发挥了综合报告的作用。③本文的研究为学术界探索综合报告未来在我国的实施进行了有益的尝试。尽管目前我国尚未实施综合报告，但学术界和准则制定机构对综合报告的基础研究均高度重视，并且正在积极探索综合报告在我国的适用性。自2016年开始，为提高社会各界对综合报告的认知度，财政部会计司先后发布了四期《综合报告研究简报》，对综合报告在全球的实施经验进行总结和借鉴。由此可见，综合报告在我国未来的实施仍任重道远。

二、理论分析与研究假设

Ball和Brown（1968）开创了会计领域资本市场实证研究的先河。此后，会计学术界从未停止对会计信息在资本市场中作用的研究（陈旻 2013）。2010年9月，IASB（International Accounting Standards Board，国际会计准则理事会）和FASB（Financial Accounting Standards

Board，财务会计准则委员会）联合发布的《财务报告概念框架》以决策有用观为基础，强调财务报告的目标是向使用者提供与决策相关的信息。然而，在强调全球经济可持续发展的背景下，尽管现有的企业报告会在披露财务信息的同时部分披露与企业社会责任、环境和可持续发展等相关的非财务信息，但由于两者之间相互独立、缺乏关联性，因此不可避免地会产生各类信息之间内容重复、信息冗余等问题，这不仅增加了投资者获取和处理信息的成本，还降低了企业报告信息的决策有用性。而综合报告的指导原则将有助于解决上述问题。尤其是重要性原则可以公平地披露重要信息所有积极和消极方面的要求，有助于改善管理者对信息的选择性披露，降低投资者获取和处理信息的成本。而简明性和连通性原则相辅相成，在为投资者提供多元化信息集的同时，有助于改善现有企业报告信息冗余的问题，降低投资者对信息分析和转化的认知缺陷。由此可见，综合报告通过对其指导原则的综合运用，能够为投资者提供更多、更优质的信息，能改善企业的信息环境、提高投资者评估企业价值的准确性，并能增强企业会计信息的价值相关性。相比于传统的企业报告，综合报告的先进性不仅表现为对现有企业报告缺陷的弥补，还表现为对企业持续创造价值能力的关注。IIRC指出，综合报告通过提供企业战略、治理、绩效和前景及企业所处外部环境等信息反映企业在短期、中期和长期持续创造价值的能力（IIRC 2013）。综合报告对企业长期绩效的关注，有助于减少管理者的短视行为，降低管理者操纵会计盈余的可能性，进而提高会计信息的价值相关性。

随着综合报告在全球范围内的推广和应用，综合报告的有用性及实施效果受到了国内外会计学术界的广泛关注。Adams和Simnett（2011）研究认为综合报告全面、简明和连通地披露与企业持续创造价值能力相关的信息及其关系，有助于投资者更好地理解企业价值，从而影响投资者决策制定的过程。Serafeim（2015）通过检验企业的投资者结构对综合报告的有用性进行评估，发现发布综合报告的公司更倾向于获得长期投资者的青睐，但具有较少的临时投资者青睐，则间接表明了综合报告在投资者决策中的作用。Baboukardos和Rimmel（2016）对综合报告实施前后年度的会计信息价值相关性进行检验，发现实施综合报告能够显著提高会计盈余的价值相关性，而权益账面价值的相关性并没有显著变化。Zhou等（2017）实证检验了综合报告质量对分析师预测误差及权益资本成本的影响，研究发现高质量的综合报告能够通过改善企业的信息环境降低分析师盈余误差及权益资本成本。Bernardi和Stark（2016）进一步研究发现，在南非强制实施综合报告后，企业环境、社会和治理（environment，social and governance，ESG）责任信息的披露水平是决定综合报告实施有效性的重要因素。Cosma等（2018）利用事件研究法研究发现，企业的市场价值对综合报告质量具有积极的反应，进而说明投资者会在决策过程中考量企业发布综合报告的质量，并奖励杰出的公司。Barth等（2017）通过实证研究分别对综合报告在企业内部和外部的有用性进行了检验，研究发现综合报告质量与企业未来现金流和投资效率具有正向关系，说明了综合报告能够在一定程度上提高企业内部的决策效率和改善企业外部的信息环境。我国的会计学者对综合报告的研究相对较少。蔡海静等（2011）较早地对综合报告进行了理论研究，从理论上分析了综合报告的优势，并基于可持续发展的理念构建了FESG（finance，environment，social and governance，即财务、环境、社会和治理）四维报告框架。杨敏等（2012）研究认为涉及财务、环境、社会和治理等信息的综合报告已成为企业报告未来的发展趋势，并详细探讨了综合报告发展面临的挑战，同时针对我国未来综合报告的发展提出了应对举措。蔡海静和汪祥耀（2013）、李妍锦（2017）采用实证研究方法分别以南非和日本实施综合报告的公司为样本，对综合报告实施前后年度会计信息的价值相关性进行研究，发现综合报告的发布能够提高会计盈余与股票价格的正向关系，这意味着综合报告对非财务信息的发布能够帮助投资者更好地理解企业价值，提高财务信息的价值相关性。综上所述，企业发布的综合报告能够在一定程度上改善企业的信息环境，为投资者和其他利益相关者提供有用的决策信息。

基于价值相关性理论和信息质量理论，企业会计信息的价值相关性取决于会计信息的质量。综合报告质量对会计信息价值相关性的影响体现在两个方面。一方面，因综合报告的实施尚处在初级阶段，投资者对综合报告的认知程度较低，并且对企业发布的综合报告质量缺乏信心，较少地将综合报告作为其获取决策有用信息的主要途径(Rensburg and Botha 2014)。另一方面，综合报告的编制主体对综合报告理念理解的差异及企业所处外部环境的影响，导致企业发布的综合报告质量参差不齐，影响投资者获取信息的质量及其价值相关性（Rivera-Arrubla et al. 2017）。由此可见，综合报告的质量是综合报告能否发挥有用性的关键因素。根据上述分析，本文提出假设1。

假设1：综合报告质量对会计信息价值相关性具有影响，且高质量的综合报告能够显著提高会计信息价值相关性。

在南非实施综合报告的初期，由于缺乏独立翔实且具有针对性的适用原则，企业仅依据南非第三版公司治理守则中对综合报告的相关规定及IIRC发布的南非综合报告讨论稿（*Integrated Report Discussion Paper* 2011）编制综合报告，综合报告的编制主体对综合报告理念、内容和原则等理解存在较大差异，企业发布的综合报告质量参差不齐。《框架》的发布为企业编制综合报告提供了具体的指导原则，明确了综合报告的概念和目标，规范了综合报告的内容和形式，有助于提高企业编制综合报告的质量，进而实现综合报告的目标——提高使用者所获得信息的质量，实现更具效率和效果的资源配置（IIRC 2013）。《框架》的发布有助于提高综合报告的整体质量，增强财务信息和非财务信息的整合效果。而财务信息和非财务信息在投资者决策中具有交互式的影响。现有的大量研究表明企业的环境、社会责任和治理等与可持续发展相关的非财务信息在投资者决策中具有重要的作用，并会对会计盈余等财务信息的价值相关性产生相应影响。Cormier和Magnan(2007)研究认为环境报告的发布能够提高企业盈余信息的价值相关性。Carnevale和Mazzuca（2014）通过对欧洲银行的研究发现，可持续发展报告的发布降低了银行净资产的价值相关性。毛志宏和金龙（2016a）通过对我国企业社会责任报告的研究发现，社会责任表现好的企业能够发布具有较高价值相关性的企业报告。在《框架》发布后，依据《框架》编制的高质量综合报告通过将现有的独立报告中不同类型的非财务信息与财务信息整合在同一企业报告中，为投资者提供全面、简明和连通的信息，以发挥其在投资者决策中的交互作用。由此可见，投资者提高对企业所承担的社会责任、环境责任及企业可持续发展能力的关注度，将提高综合报告中披露的非财务信息在投资者决策有用信息中所占的比重，增强非财务信息在资本市场中对企业定价的作用，进而在一定程度上对会计盈余等财务信息的价值相关性产生影响。

综上所述，《框架》发布的效果取决于企业会计盈余信息与非财务信息在投资者决策过程中的博弈。若投资者在决策过程中更多地关注企业的财务绩效，则会计盈余信息的价值相关性将随着综合报告质量的提高而增强。若投资者在决策中更多地关注企业的非财务绩效，即企业履行社会责任、环境责任的绩效等，则会计盈余信息的价值相关性将随着综合报告质量的提高而减弱。根据上述分析，本文提出假设2a和假设2b。

假设 2a：综合报告质量对会计信息价值相关性具有影响，且《框架》的发布增强了综合报告质量与会计信息价值相关性的关系。

假设 2b：综合报告质量对会计信息价值相关性具有影响，且《框架》的发布削弱了综合报告质量与会计信息价值相关性的关系。

三、样本选择与研究设计

（一）样本来源及处理

本文以2012~2016年南非约翰内斯堡证券交易所上市公司为样本[①]，并按如下标准对样本进行筛选：①剔除金融保险行业及公共事业上市公司；②剔除权益账面价值小于0的上市公司；③剔除缺少模型中所需数据的上市公司。经过以上筛选，共得到830个样本，其中2012年159个，2013年161个，2014年164个，2015年173个，2016年173个。为排除异常值的干扰，对模型中所有连续型变量，在上下1%处进行了Winsorize处理。本文所使用的财务数据均来自Datastream数据库，我们手工整理了来自安永（南非）会计师事务所发布的*EY's Excellence in Integrated Reporting Awards*（《安永综合报告卓越奖》）中的企业综合报告质量评级数据（EY 2013，EY 2014，EY 2015，EY 2016，EY 2017）。本文的数据处理及实证研究均使用STATA 14.0完成。

（二）变量定义

1. 会计信息价值相关性的度量

本文对会计信息价值相关性的度量，采用Ohlson（2001）提出的会计盈余价值相关性模型，并以回归系数作为衡量会计信息价值相关性的指标。该模型将会计信息价值相关性的评价范围从利润表扩展到资产负债表，体现了会计盈余与净资产在股票定价中的不同作用。具体模型如下：

---

① 本文选取南非约翰内斯堡证券交易所上市公司作为实证研究的样本，主要原因在于：南非是全球第一个且唯一强制实施综合报告的国家，这不仅为本文的研究提供了一个相对较长的窗口，也能够有效降低自愿性信息披露所带来的影响。另外，南非是全球唯一将综合报告纳入企业上市规则中的国家，这能保证约翰内斯堡证券交易所上市的所有公司都以《框架》作为编制企业报告的依据。

$$\mathrm{MVE}_{it} = \alpha_0 + \alpha_1 \mathrm{BVE}_{it} + \alpha_2 \mathrm{EBIT}_{it} + \xi_{it} \tag{1}$$

其中，MVE_{it}为企业i第t年的权益市场价值；BVE_{it}为企业i第t年的权益账面价值；EBIT_{it}为企业i第t年的息税前利润；α_0为模型估计的截距项；α_1和α_2分别为模型估计的各变量系数的估计值；ξ_{it}为模型估计的随机误差。

2. 综合报告质量的度量

本文借鉴Zhou等（2017）和Barth等（2017）对综合报告有用性的研究，以安永（南非）会计师事务所发布的*EY's Excellence in Integrated Reporting Awards*中的综合报告质量评级数据作为综合报告质量的代理变量。自2012年开始，安永（南非）会计师事务所每年都会对南非上市公司实施综合报告的情况进行整理和分析，并对企业发布的综合报告质量进行评级，将综合报告质量划分为五个等级，即前十名（Top 10）、优秀（excellent）、良好（good）、中等（average）及有待提高（progress to be made）。依据安永（南非）会计师事务所发布的综合报告质量评级，本文将中等（average）级别作为阈值对综合报告质量进行划分，认为企业发布的综合报告质量等级高于中等级别的为具有高质量的综合报告。因此，本文以虚拟变量IRQuality作为综合报告质量的代理变量，当综合报告质量等级高于中等级别时，取1，否则，取0。

（三）模型构建

依据前文的理论分析和假设的提出，结合会计盈余价值相关性模型，本文模型构建及研究设计如下：首先，借鉴Rensburg和Botha（2014）、叶康涛等（2014）、毛志宏和金龙（2016b）的研究，我们选取了对会计信息价值相关性具有重要影响的企业成熟度（AGE）、企业成长性（GROW）、是否亏损（LOSS）和盈余持续性（NONPERSIST）作为影响会计信息价值相关性的控制变量，且同时在方程中控制了这些变量与会计信息的交乘项及行业和年度的影响。其次，为了检验综合报告质量是否能够影响会计信息的价值相关性，将综合报告质量的代理变量IRQuality，以及交乘项BVE × IRQuality，EBIT × IRQuality分别引入模型中，得到检验综合报告质量与会计信息价值相关性关系的回归系数。如果这两个交乘项的回归系数显著不等于0且为正值，则认为综合报告质量对会计信息价值相关性具有正向影响；如果这两个交乘项的回归系数不显著或显著为负值，则认为综合报告质量对会计信息价值相关性不具有影响或具有负向影响。最后，为了检验《框架》的发布对综合报告质量与会计信息价值相关性关系的影响，将样本数据依据《框架》发布的年度进行划分，得到《框架》发布前后的子样本，即2012~2013年和2014~2016年两个子样本。利用拓展后的会计盈余价值相关性模型分别对《框架》发布前后的两个子样本进行回归分析，以检验两个交乘项的回归系数是否具有显著差别。具体回归模型如下：

$$\begin{aligned}\text{MVE}_{it} = &\alpha_0 + \alpha_1\text{BVE}_{it} + \alpha_2\text{EBIT}_{it} + \alpha_3\text{IRQuality}_{it} + \alpha_4\text{BVE}_{it} \times \text{IRQuality}_{it} \\ &+ \alpha_5\text{EBIT}_{it} \times \text{IRQuality}_{it} + \alpha_6\text{GROW}_{it} + \alpha_7\text{AGE}_{it} + \alpha_8\text{LOSS}_{it} \\ &+ \alpha_9\text{NONPERSIST}_{it} + \alpha_{10}\text{BVE}_{it} \times \text{GROW}_{it} + \alpha_{11}\text{EBIT}_{it} \times \text{GROW}_{it} \\ &+ \alpha_{12}\text{BVE}_{it} \times \text{AGE}_{it} + \alpha_{13}\text{EBIT}_{it} \times \text{AGE}_{it} + \alpha_{14}\text{BVE}_{it} \times \text{LOSS}_{it} \\ &+ \alpha_{15}\text{EBIT}_{it} \times \text{LOSS}_{it} + \alpha_{16}\text{BVE}_{it} \times \text{NONPERSIST}_{it} \\ &+ \alpha_{17}\text{EBIT}_{it} \times \text{NONPERSIST}_{it} + \text{Year} + \text{Industry} + \xi_{it}\end{aligned} \quad (2)$$

其中，企业的权益市场价值（MVE）、权益账面价值（BVE）和息税前利润（EBIT）均以当年年末总资产进行调整；α_0为模型估计的截距项；$\alpha_1 \sim \alpha_{17}$分别为模型估计的各变量系数的估计值；$\xi_{it}$为模型估计的随机误差。具体变量定义见表1所示。

表1　主要变量定义表

变量名称	变量符号	变量定义
因变量		
权益市场价值	MVE	年末股票价格×总股数/年末总资产
解释变量		
权益账面价值	BVE	年末权益账面价值/年末总资产
息税前净利润	EBIT	年末息税前净利润/年末总资产
综合报告质量	IRQuality	虚拟变量，综合报告质量高于平均水平时，取1，否则，取0
控制变量		
企业成长性	GROW	（当期年末销售收入/上一期年末销售收入）−1
企业成熟度	AGE	上市天数/360，取整数
是否亏损	LOSS	虚拟变量，当期净利润为负值时，取1，否则，取0
盈余持续性	NONPERSIST	（税前利润−营业利润）/税前利润
行业	Industry	行业虚拟变量
年度	Year	年度虚拟变量

四、实证结果与分析

（一）描述性统计分析

表2列示了本文主要变量的描述性统计分析。从结果可以看出，权益市场价值（MVE）的均值为1.110，中位数为0.790，说明企业市场价值表现为略左偏态。BVE和EBIT的最小值分别为0.060和−0.310，最大值分别为0.910和0.430，这表明不同企业的账面价值及会计盈余均存在较大的差异。GROW均值为0.140，最小值为−0.690，最大值为2.230，这说明企业具有良好的成长水平，且不同企业之间的成长性存在很大差异。

表2 主要变量的描述性统计分析

变量	均值	标准差	中位数	最小值	最大值
MVE	1.110	1.050	0.790	0.080	6.140
BVE	0.520	0.180	0.520	0.060	0.910
EBIT	0.090	0.110	0.090	−0.310	0.430
IRQuality	0.210	0.410	0	0	1
GROW	0.140	0.330	0.100	−0.690	2.230
AGE	18.700	10.800	18.570	1.090	44.580
LOSS	0.120	0.320	0	0	1
NONPERSIST	0.300	1.070	0.110	−2.580	7.180

（二）相关系数分析

表3列示了本文主要变量间Pearson和Spearman相关系数的分析结果，其中左下角为Pearson相关系数矩阵，右上角为Spearman相关系数矩阵。从相关系数的结果可以看出，企业的MVE与BVE的Pearson和Spearman相关系数均在0.01水平上显著，分别为0.189和0.248，这说明企业的权益账面价值与权益市场价值是呈显著正相关关系的。同样地，企业的EBIT与MVE之间的Pearson和Spearman相关系数分别为0.482和0.566，在0.01水平上显著，这表明企业的会计盈余与市场价值也是呈显著正相关关系的。由此可见，各变量间的相关系数结果初步表明企业会计信息是具有价值相关性的，且Pearson和Spearman相关系数分析的结果基本保持一致。此外，以方差膨胀因子（variance inflation factor，VIF）方法进行的多重共线性检验结果显示，各变量的VIF值均小于2，因此，可以拒绝存在多重共线性的问题。

表3 Pearson和Spearman相关系数分析

变量	MVE	BVE	EBIT	IRQuality	GROW	AGE	LOSS	NONPERSIST
MVE	1	0.248***	0.566***	0.199***	0.188***	−0.067*	−0.242***	−0.067*
BVE	0.189***	1	0.070**	−0.153***	−0.077**	−0.115***	0.068**	0.075**
EBIT	0.482***	0.095***	1	0.083**	0.178***	−0.065*	−0.559***	−0.100***
IRQuality	0.139***	−0.142***	0.121***	1	−0.051	0.201***	−0.058*	−0.091***
GROW	0.040	−0.004	0.070**	−0.072**	1	−0.182***	−0.220***	−0.032
AGE	−0.050*	−0.124***	−0.057	0.239***	−0.176***	1	0.005	0.003
LOSS	−0.150***	0.055	−0.659***	−0.058*	−0.103***	0.003	1	0.023
NONPERSIST	−0.018	−0.001	−0.108**	−0.110**	0.015	−0.054	0.055	1

***、**、*分别表示显著性水平为 0.01、0.05、0.10 的水平上显著

（三）对假设1的实证检验

表4列示了假设1的回归结果。其中，第（1）列为对会计盈余价值相关性基础模型的回归结果，第（2）列为加入IRQuality及交乘项BVE × IRQuality和EBIT × IRQuality的

回归结果，第（3）列为加入全部变量的回归结果，且第（1）~（3）列均控制了行业和年度的影响。

表4 综合报告质量与会计信息价值相关性的回归结果

变量	（1）	（2）	（3）
截距项	−0.056	−0.066	−0.521
	（−0.14）	（−0.17）	（−1.33）
BVE	0.817***	0.893***	1.004***
	（5.00）	（4.96）	（3.01）
EBIT	3.706***	2.827***	4.986***
	（13.54）	（9.40）	（8.60）
IRQuality		−0.400*	−0.220
		（−1.82）	（−1.07）
BVE × IRQuality		0.517	0.776**
		（1.24）	（2.00）
EBIT × IRQuality		3.562***	1.277**
		（5.60）	（2.05）
GROW			−0.196
			（−0.88）
AGE			0.004
			（0.51）
LOSS			0.349
			（1.29）
NONPERSIST			0.053
			（0.96）
BVE × GROW			0.468
			（1.26）
EBIT × GROW			3.031***
			（4.55）
BVE × AGE			−0.019
			（−1.40）
EBIT × AGE			0.066***
			（2.61）
BVE × LOSS			−0.404
			（−0.97）
EBIT × LOSS			−8.361***
			（−8.77）

续表

变量	（1）	（2）	（3）
BVE × NONPERSIST			−0.028
			（−0.27）
EBIT × NONPERSIST			−0.693
			（−1.45）
Industry	控制	控制	控制
Year	控制	控制	控制
样本数	830	830	830
调整的R^2	0.362	0.392	0.500

***、**、*分别表示显著性水平为 0.01、0.05、0.10

从第（1）列的回归结果可见，BVE和EBIT的回归系数均在0.01水平上显著为正值，分别为0.817和3.706。这一结果与Baboukardos和Rimmel（2016）的研究结论一致，说明在实施综合报告后，企业的会计信息（净资产和会计盈余）均具有显著的价值相关性。从第（2）列的回归结果可见，加入IRQuality的影响后，BVE × IRQuality的回归系数为0.517，不显著；EBIT × IRQuality的回归系数为3.562，在0.01水平上显著为正值，这说明会计盈余的价值相关性受到综合报告质量的影响，高质量的综合报告能够显著提高会计盈余的价值相关性，而并未对企业净资产产生影响。从第（3）列的回归结果可见，在加入所有控制变量后，BVE × IRQuality的回归系数为0.776，在0.05水平上显著为正值，EBIT × IRQuality的回归系数为1.277，在0.01水平上显著为正值。第（3）列的结果表明在加入其他控制变量后，综合报告质量对会计信息价值相关性的正向影响依然存在，且会计盈余受到的影响要强于净资产受到的影响。

综上所述，表4的回归结果支持本文的假设1，即综合报告质量对会计信息价值相关性具有正向影响。这说明综合报告质量的提高能够为投资者提供更加真实可靠的会计信息，有助于提高投资者评估企业价值的准确度，更好地发挥会计信息在市场定价中的作用。

（四）对假设2的实证检验

表5列示了假设2的回归结果。依据《框架》发布的年度，本文将样本数据划分为《框架》发布前后的两个子样本，即发布前2012~2013年度和发布后2014~2016年度的样本数据。为了检验《框架》的发布对综合报告质量与会计信息价值相关性的影响，本文分别对《框架》发布前后的两个子样本进行回归分析。

表5 《框架》发布对综合报告质量与会计信息价值相关性的影响

变量	（1）		（2）		（3）	
截距项	−0.392	0.404	−0.301	0.374	−0.769	−0.180
	（−0.69）	（0.75）	（−0.56）	（0.70）	（−1.38）	（−0.33）
BVE	1.007***	0.699***	1.073***	0.726***	1.625***	0.654
	（4.11）	（3.18）	（4.17）	（2.89）	（3.47）	（1.37）

续表

变量	(1)		(2)		(3)	
EBIT	4.104***	3.438***	2.695***	2.997***	4.132***	5.653***
	(10.67)	(8.97)	(6.36)	(7.11)	(5.22)	(6.80)
IRQuality			−0.122	−0.470	−0.043	−0.101
			(−0.39)	(−1.50)	(−0.15)	(−0.34)
BVE × IRQuality			−0.142	0.778	0.197	0.812
			(−0.24)	(1.33)	(0.36)	(1.50)
EBIT × IRQuality			4.505***	2.440**	2.687***	−0.583
			(5.52)	(2.43)	(3.46)	(−0.59)
GROW					−0.059	−0.435
					(−0.17)	(−1.33)
AGE					0.013	−0.001
					(1.18)	(−0.08)
LOSS					0.293	0.583
					(0.78)	(1.36)
NONPERSIST					0.135	0.032
					(1.55)	(0.42)
BVE × GROW					−0.783	1.022*
					(−1.17)	(1.96)
EBIT × GROW					6.223***	2.104**
					(4.63)	(2.52)
BVE × AGE					−0.044**	−0.010
					(−2.11)	(−0.52)
EBIT × AGE					0.078**	0.064*
					(2.20)	(1.78)
BVE × LOSS					0.080	−0.811
					(0.13)	(−1.30)
EBIT × LOSS					−4.960***	−9.279***
					(−3.44)	(−6.62)
BVE × NONPERSIST					−0.155	−0.001
					(−0.95)	(−0.01)
EBIT × NONPERSIST					−1.194*	−0.393
					(−1.81)	(−0.57)
Industry	控制	控制	控制	控制	控制	控制
Year	控制	控制	控制	控制	控制	控制
样本数	320	510	320	510	320	510
调整的R^2	0.430	0.319	0.496	0.328	0.612	0.443

***、**、*分别表示显著性水平为 0.01、0.05、0.10

表5中第（1）组为对会计盈余价值相关性基础模型进行回归的结果。从第（1）组的回归结果可见，BVE和EBIT在《框架》发布前后均在0.01水平上显著为正值，这一结果同样表明企业会计信息（净资产和会计盈余）在综合报告实施后具有显著价值相关性。第（2）组为在会计盈余价值相关性模型的基础上加入IRQuality及交乘项BVE × IRQuality和EBIT × IRQuality的回归结果。从第（2）组的回归结果可见，BVE × IRQuality

的回归系数在《框架》发布前后分别为-0.142和0.778，均不显著，这一结果与假设1的结论一致，即在控制影响会计信息价值相关性的其他因素前，综合报告质量并未影响净资产的价值相关性。EBIT × IRQuality的回归系数在《框架》发布前后分别为4.505和2.440，分别在0.01和0.05水平上显著为正值，且系数在《框架》发布后有所减少。这说明《框架》的发布在一定程度上降低了综合报告质量与会计盈余价值相关性的正向关系。第（3）组为加入所有控制变量的回归结果。从第（3）组的回归结果可见，BVE × IRQuality的回归系数在《框架》发布前后均不显著。EBIT × IRQuality的回归系数在《框架》发布前为2.687，且在0.01水平上显著，而在《框架》发布后不具有显著性。这说明在加入其他控制变量后，《框架》的发布显著降低了综合报告质量与会计盈余价值相关性的正向关系，甚至可能降低到负值。

综上所述，表5的回归结果基本支持本文的假设2b。一方面，《框架》的发布显著降低了综合报告质量与会计盈余价值相关性的正向关系。这意味着投资者在决策过程中，较多地考虑了非财务信息对企业价值的影响，使得非财务信息在一定程度上校正了市场定价对单纯会计盈余的依赖程度，从而降低了综合报告质量与会计盈余价值相关性的正向关系。另一方面，《框架》的发布并未影响综合报告质量与净资产价值相关性的正向关系。本文的这一研究结论与Baboukardos和Rimmel（2016）、Carnevale和Mazzuca（2014）的研究结论相似，即企业净资产的价值相关性不会受到综合报告的影响。这可能是因为资产负债表中的净资产相比于利润表中的会计盈余信息具有更好的稳定性。

五、稳健性检验

（一）考虑企业特质差异的影响

Baboukardos和Rimmel（2016）研究认为非平衡的样本数据会导致企业特质差异在样本各年度间存在极大的不同，进而对综合报告与企业会计信息价值相关性的关系产生影响。因此，为了避免本文的研究结论受到不同企业特质差异的影响，借鉴Baboukardos和Rimmel（2016）的方法将样本数据由非平衡面板转化为平衡面板数据，并对模型进行重新回归，回归结果见表6。表6列示了在会计盈余价值相关性模型基础上加入所有控制变量的回归结果。第（1）列为对全部样本进行回归的结果，BVE × IRQuality的回归系数是0.508，不显著，EBIT × IRQuality的回归系数是1.003，在0.1水平上显著为正值。这说明在控制了企业特质差异的影响后，综合报告质量与会计盈余的价值相关性具有显著的正向关系。第（2）和（3）列为分别对《框架》发布前后的样本数据进行回归的结果，BVE × IRQuality的系数在《框架》发布前后均未表现出显著性，EBIT × IRQuality的回归系数分别为1.912和-0.297，《框架》发布前在0.05水平上显著为正值，《框架》发布后不显著。这说明在控制了企业特质差异的影响后，一方面《框架》的发布未对综合报告质量与净资产价值相关性之间的正向关系产生影响；另一方面在《框架》发布后，综合报告质量与会计盈余价值相关性之间的关系已从显著的正向关系变为不具有显著关系。这说明《框架》的发布同样在一定程度上降低了综合报告质量与会计盈余价值相关性之间的正向关系。综上所述，控制企业特质差异影响后的研究结论与上文基本一致。

表6 稳健性检验：平衡面板样本数据的回归结果

变量	（1）	（2）	（3）
截距项	-0.476^{**}	-0.270	-0.358
	（-2.39）	（-1.05）	（-1.22）
BVE	0.832^{**}	0.626	0.984^{*}
	（2.49）	（1.36）	（1.95）
EBIT	5.807^{***}	5.849^{***}	5.778^{***}
	（9.48）	（7.26）	（5.86）
IRQuality	-0.068	0.093	0.004
	（-0.35）	（0.34）	（0.01）
BVE × IRQuality	0.508	0.064	0.566
	（1.38）	（0.12）	（1.09）
EBIT × IRQuality	1.003^{*}	1.912^{**}	-0.297
	（1.67）	（2.56）	（-0.31）
GROW	-0.038	0.008	-0.061
	（-0.14）	（0.02）	（-0.10）
AGE	0.005	0.002	0.006
	（0.64）	（0.21）	（0.57）
LOSS	0.585^{**}	0.414	0.747^{*}
	（2.21）	（1.21）	（1.74）
NONPERSIST	-0.072	-0.191	-0.075
	（-1.18）	（-1.28）	（-0.96）
BVE × GROW	0.741	0.555	0.748
	（1.26）	（0.75）	（0.65）
EBIT × GROW	0.517	0.186	0.704
	（0.72）	（0.09）	（0.74）
BVE × AGE	-0.014	-0.010	-0.020
	（-1.06）	（-0.50）	（-1.03）
EBIT × AGE	0.036	0.040	0.041
	（1.40）	（1.19）	（1.04）
BVE × LOSS	-0.504	-0.043	-0.857
	（-1.19）	（-0.07）	（-1.31）
EBIT × LOSS	-6.221^{***}	-4.706^{***}	-6.939^{***}
	（-6.41）	（-3.06）	（-4.91）
BVE × NONPERSIST	0.154	0.357	0.160
	（1.27）	（1.39）	（1.00）

续表

变量	（1）	（2）	（3）
EBIT × NONPERSIST	−1.012*	−1.910**	−0.580
	（−1.93）	（−2.47）	（−0.78）
Industry	控制	控制	控制
Year	控制	控制	控制
样本数	755	302	453
调整的R^2	0.553	0.649	0.489

***、**、*分别表示显著性水平为0.01、0.05、0.10

（二）考虑样本自选择的影响

考虑到本文的研究结果可能会受到样本自选择的影响，本文借鉴Zhou等（2017）、毛志宏和金龙（2016b）的方法，采用Heckman二阶段回归对研究模型进行修正。首先，在已有控制变量GROW、AGE、LOSS和NONPERSIST的基础上，进一步引入董事会规模、第一大股东比例和审计师关注度变量作为外生变量，纳入第一阶段的Heckman模型中进行针对综合报告质量的Probit回归，并计算IMR（inverse Mill's ratio，逆米尔斯比率）。其次，将计算得到的IMR作为控制变量带入原模型进行回归。最后，分别对《框架》发布前后的样本重复上述的Heckman二阶段回归过程，回归结果见表7。表7中第（1）列为全样本的Heckman第二阶段回归结果，显示BVE × IRQuality和EBIT × IRQuality的回归系数均显著为正值，说明综合报告质量与会计信息价值相关性具有正向关系。表7中第（2）列和第（3）列分别为《框架》发布前后样本的Heckman第二阶段回归结果，显示出BVE × IRQuality的回归系数未受到《框架》发布的影响，而EBIT×IRQuality的回归系数在《框架》发布后由显著变为了不显著，说明《框架》的发布降低了综合报告质量与会计盈余价值相关性之间的正向关系。综上所述，Heckman二阶段的回归结果与上文一致。

表7　稳定性检验：Heckman第二阶段的回归结果

变量	（1）	（2）	（3）
截距项	−0.332	−0.515	0.028
	（−0.88）	（−0.92）	（0.05）
BVE	1.236***	1.885***	0.819*
	（3.75）	（3.89）	（1.78）
EBIT	5.125***	3.932***	6.100***
	（9.40）	（5.05）	（8.01）
IRQuality	−0.192	0.051	−0.102
	（−1.00）	（0.18）	（−0.38）
BVE × IRQuality	0.695*	−0.028	0.783
	（1.90）	（−0.05）	（1.59）
EBIT × IRQuality	1.185**	2.678***	−0.704
	（2.05）	（3.51）	（−0.79）

续表

变量	(1)	(2)	(3)
GROW	−0.127	0.052	−0.355
	(−0.61)	(0.15)	(−1.21)
AGE	0.001	0.007	−0.004
	(0.17)	(0.63)	(−0.41)
LOSS	0.483*	0.500	0.675*
	(1.86)	(1.37)	(1.68)
NONPERSIST	0.099*	0.179**	0.099
	(1.76)	(2.10)	(1.29)
BVE × GROW	0.472	−1.055	1.072**
	(1.37)	(−1.59)	(2.32)
EBIT × GROW	3.130***	6.599***	2.173***
	(5.13)	(5.04)	(2.95)
BVE × AGE	−0.022	−0.045**	−0.009
	(−1.55)	(−2.05)	(−0.48)
EBIT × AGE	0.075***	0.103***	0.057*
	(3.06)	(2.89)	(1.69)
BVE × LOSS	−0.601	−0.192	−0.950
	(−1.49)	(−0.29)	(−1.63)
EBIT × LOSS	−9.114***	−5.224***	−10.359***
	(−9.87)	(−3.56)	(−7.78)
BVE × NONPERSIST	−0.073	−0.159	−0.098
	(−0.70)	(−1.00)	(−0.69)
EBIT × NONPERSIST	−0.557	−1.007	−0.196
	(−1.21)	(−1.52)	(−0.30)
IMR	−0.209***	−0.252**	−0.229**
	(−2.70)	(−2.26)	(−2.19)
Industry	控制	控制	控制
Year	控制	控制	控制
样本数	768	296	472
调整的R^2	0.568	0.655	0.528

***、**、*分别表示显著性水平为 0.01、0.05、0.10

六、研 究 结 论

综合报告作为企业报告顺应全球经济与社会和环境可持续发展的重要创新与改革，已成为国内外理论界和实务界共同关注的焦点。本文以综合报告的发展及《框架》的发布为契机，研究了综合报告质量是否影响会计信息价值相关性，以及《框架》的发布对二者关系的影响。研究结果发现，企业发布高质量的综合报告能够显著增加会计盈余价值相关性，不会对净资产价值产生影响。进一步研究发现，《框架》的发布显著削弱了综合报告质量与会计盈余价值相关性之间的正向关系，但并未对综合报告质量与净资产价值相关性之间的关系产生显著影响。

本文的研究结果表明：一方面，高质量的综合报告有效地改善了传统企业报告方式信息超载的现状，提高了投资者可获得信息的质量，能帮助投资者更准确地评估企业价值，使得企业会计信息能够更好地在市场定价中发挥作用。另一方面，高质量的综合报告能够为投资者提供更加全面、简明、连通的财务与非财务的整合信息，使得投资者能够在评估企业价值时对会计信息和企业战略、治理、社会责任和环境等与企业持续创造价值能力相关的非财务信息进行系统的考虑，进而做出更符合企业与社会和环境的良性治理及可持续发展需求的投资决策。尤其是在《框架》发布后，投资者依据《框架》中对综合报告概念、指导原则和主要内容的规定，能够更好地甄别企业发布综合报告的质量，进而对不同质量的综合报告所提供的财务和非财务信息进行有选择性的以及区分权重的考量，并在投资者决策中发挥作用。本文的研究结果与IIRC提倡采用综合报告的立场一致，认为企业依据《框架》的指导原则编制综合报告能够有效地改善企业信息环境，并间接证明了企业战略、治理、社会责任和环境等与企业持续创造价值能力相关的非财务信息在投资者决策中的重要作用。企业报告方式向综合报告的转变体现了投资者从较多依据会计信息进行决策的传统方式向全面依据会计信息与非财务信息进行决策的转变。此外，尽管综合报告相比于传统企业报告方式具有先进性，能够改善我国现有企业报告体系存在的对非财务信息披露不足及各类信息之间缺乏关联性等问题，但综合报告在我国的推广应用仍任重道远。这不仅需要理论界和学术界对综合报告在我国的适用性进行不断探索和研究，以提高社会各界对综合报告的认知度，还需要加强我国会计的国际影响力，深度参与IIRC对《框架》的逐步完善工作，以使综合报告能够更好地服务于我国的经济和资本市场。

参 考 文 献

财政部会计司. 2017. 持续深化我国会计对外交流与合作提升我国会计国际话语权和影响力——《会计改革与发展“十三五”规划纲要》解读之九. 财务与会计，（8）：10-13.

蔡海静，汪祥耀. 2013. 实施整合报告能否提高信息的价值相关性——来自第一个强制实施整合报告的国家南非的经验证据. 会计研究，（1）：35-41.

蔡海静，汪祥耀，许慧. 2011. 基于可持续发展理念的企业整合报告研究. 会计研究，（11）：18-26.

陈旻. 2013. 财务报告目标与会计信息功能研究. 当代会计评论，6（1）：94-109.

李妍锦. 2017. 发布综合报告是否有助于降低企业的信息不对称. 财经科学，（4）：89-98.

毛志宏，金龙. 2016a. 公司治理、企业社会责任与会计信息相关性. 当代经济科学，38（6）：112-121.

毛志宏，金龙. 2016b. 所有权性质、企业社会责任与会计信息可靠性. 南方经济，（12）：70-86.

杨敏，刘光忠，陆建桥，等. 2012. 综合报告国际发展动态及我国应对举措. 会计研究，（9）：3-8.

叶康涛，张姗姗，张艺馨. 2014. 企业战略差异与会计信息的价值相关性. 会计研究，（5）：44-51.

Adams S，Simnett R. 2011. Integrated reporting：an opportunity for Australia’s not-for-profit sector. Australian Accounting Review，21（3）：292-301.

Baboukardos D, Rimmel G. 2016. Value relevance of accounting information under an integrated reporting approach: a research note. Journal of Accounting and Public Policy, 35（4）: 437-452.

Ball R, Brown P. 1968. An empirical evaluation of accounting income numbers. Journal of accounting Research, 6（2）: 159-178.

Barth M E, Cahan S F, Chen L, et al. 2017. The economic consequences associated with integrated report quality: capital market and real effects. Accounting, organizations and society, 62（7）: 43-64.

Bernardi C, Stark A W. 2016. Environmental, social and governance disclosure, integrated reporting, and the accuracy of analyst forecasts. The British Accounting Review, 50（1）: 16-31.

Carnevale C, Mazzuca M. 2014. Sustainability report and bank valuation: evidence from European stock markets. Business Ethics: A European Review, 23（1）: 69-90.

Cormier D, Magnan M. 2007. The revisited contribution of environmental reporting to investors' valuation of a firm's earnings: an international perspective. Ecological Economics, 62（3）: 613-626.

Cosma S, Soana M G, Venturelli A. 2018. Does the market reward integrated report quality? African Journal of Business Management, 12（4）: 78-91.

Dumay J C, Bernardi C, Guthrie J, et al. 2016. Integrated reporting: a structured literature review. Accounting Forum, 40（3）: 166-185.

EY. 2013. Excellence in Integrated Reporting Awards 2012. Johannesburg: EY.

EY. 2014. Excellence in Integrated Reporting Awards 2013. Johannesburg: EY.

EY. 2015. Excellence in Integrated Reporting Awards 2014. Johannesburg: EY.

EY. 2016. Excellence in Integrated Reporting Awards 2015. Johannesburg: EY.

EY. 2017. Excellence in Integrated Reporting Awards 2016. Johannesburg: EY.

IIRC. 2013. The International <IR>Framework. IIRC.

Ohlson J A. 2001. Earnings, book values, and dividends in equity valuation: an empirical perspective. Contemporary Accounting Research, 18（1）: 107-120.

Rensburg R, Botha D E. 2014. Is integrated reporting the silver bullet of financial communication? a stakeholder perspective from South Africa. Public Relations Review, 40（2）: 144-152.

Rivera-Arrubla Y A, Zorio-Grima A, Garcia-Benau M A. 2017. Integrated reports: disclosure level and explanatory factors. Social Responsibility Journal, 13（1）: 155-176.

Serafeim G. 2015. Integrated reporting and investor clientele. Journal of Applied Corporate Finance, 27（2）: 34-51.

Zhou S, Simnett R, Green W. 2017. Does integrated reporting matter to the capital Market? Abacus, 53（1）: 94-132.

Value Relevance of Integrated Report Quality: Evidence from the Release of the "International Integrated Report Framework"

Zhihong Mao and Li Li

School of Business, Jilin University, Changchun, Jilin, China 130012

Abstract: Based on the release of theInternational Integrated Report（IR）Framework,we

examine whether the IR quality affects the valuerelevance of accounting information of companies adopting an IRapproach and whether the release of the International IR Framework has an effect onthe relation between the IR quality and value relevance. Using a sample of companies listed the Johannesburg Stock Exchange（JSE）in South Africa from 2012 to 2016, we conduct empirical tests based on the value relevance model of accounting earnings. We show that the high IR quality enhances the value relevance of accounting information（both book value of equity and earnings）, but the relation between the IR quality and the value relevanceof earnings becomes weaker after the International IR Framework is released.
Keywords: IR quality; accounting information; value relevance.

当代会计评论 Contemporary Accounting Review
第11卷第4辑 Vol.11 No.4
2018年 2018

现行财务报表列报及分析体系缺陷与改进
——基于财务报告主要信息使用者需求角度*

王竹泉　周在霞
（中国海洋大学，山东 青岛 266100）

【摘要】 如何提供高质量的财务报告一直是会计界关注的焦点。要想提供高质量的财务报告，必须从财务报告信息使用者的需求出发，提供其所需要的会计信息。本文以报告信息使用者的需求导向为原则，基于《财务报告概念框架》中规定的财务报告的目标，首先详细分析财务报告信息使用者的信息需求，其次分析现行财务报告的主体——三大财务报表是否满足了信息使用者的信息需求。在此基础上，提出改进后的财务报表样式，以上海复星医药（集团）股份有限公司（以下简称复星医药）为案例，重新编制该公司 2015~2017 年度三大财务报表。在改进后的财务报表基础上，分析改进后的财务报表能带来的信息含量，从而验证改进后的财务报表能更好地满足信息使用者的信息需求。

【关键词】 财务报告目标　资金　营业性负债　金融性负债　营运资金

随着企业经济活动的日益复杂和全球资本市场的快速增长，会计作为商业语言的重要性日益增长。如何将企业纷繁复杂的经济活动通过一种科学系统的方法列报到财务报表中，并提供决策有用的财务指标，一直是会计信息使用者、会计准则制定机构及学术界关注的问题。美国著名会计学家Miller和Bahnson强调，企业在提供会计信息给资本市场上的投资者和债权人时必须转变理念，充分考虑财务报告使用者的需求，由过去的“供给驱动”转变为“需求拉动”。在资本市场中，更完全的信息可以减少不确定性，减少不确定性可以减少投资者和债权人的风险，而较低的风险可以使投资者和债权人满足于较低的回报率，从而给公司带来较低的资本成本和更高的股票价格（Miller and Bahnson

* 王竹泉，教授，E-mail：zhuquanw@126.com。周在霞，在读博士研究生，E-mail：zhouzhou92682@163.com。本文为国家社会科学基金项目“基于国民经济核算和会计信息质量检查的会计信息质量指数构建研究”（17BTJ001）、中国海洋大学基本科研业务费重大项目（资金管理智库基础数据平台研究，课题编号：201762027）的阶段性成果。感谢财政部“会计名家培养工程”、财政部全国会计领军人才培养工程特殊支持计划的支持。

2004)。因此，公司在提供财务报告时，必须充分考虑财务报告使用者的需求，将尽可能多的有用的财务信息提供给资本市场中的投资者和债权人。财务报告使用者的需求到底是什么？国内外各大会计准则制定机构是否已经遵从提供财务报告的需求导向原则？现行财务报告列报模式是否满足信息使用者的信息需求？如何改进现行财务报告列报模式？这些都是本文将要讨论的问题。

一、《财务报告概念框架》的最新进展及相关研究综述

“需求拉动”理念已为国际会计准则理事会（International Accounting Standards Board，IASB）、美国财务会计准则委员会（Financial Accounting Standards Board，FASB）所重视。2010年，IASB和FASB联合制定的《财务报告概念框架》（以下简称概念框架）发布了第1章“通用目的财务报告的目标”和第3章“有用财务信息的质量特征”。“通用目的财务报告的目标”明确提出，财务报告的目标是提供关于报告主体的财务信息，该财务信息有助于现实的和潜在的投资者、贷款人和其他债权人做出是否向报告主体提供资源的决策。同年，IASB和FASB发布了有关制定财务报表列报准则联合项目的员工草案，称为《财务报表列报》（征求意见稿员工草案）（以下简称征求意见稿）。在征求意见稿中对报表列报的目标、列报的核心原则及分类方法做出了修订，目的是修正现行财务报表列报方式的缺陷，要求财务报告主体提供更为详细清晰的信息，从而使财务报表信息更加有用。出于各方面原因，IASB和FASB的合作并没有持续下去，该征求意见稿中许多有益的尝试并没有得到延续和完善。2015年1月，IASB单独发布了披露项目下的对其1997年出台的《国际会计准则第1号——财务报表的列报》（IAS1）做出的有限范围的修订。该修订只是对IAS1的简单调整，并没有对财务报告列报方式提出有益改进。2018年3月，IASB发布了修订版的概念框架，重述了通用目的财务报告的目标是有助于现实的和潜在的投资者、贷款人和其他债权人做出是否向主体提供资源的决策（IASB 2018，钱逢胜和乔元芳 2018），但对于报表列报方式并没有做相应改进。

关于财务报告的目标及列报方式的改革一直是学术界关注的焦点。在通用目的财务报告的目标方面，Gordon等（2015）指出，通用目的财务报告的目标已经被广泛认可，需要探讨IASB在后续框架体系中是否进行一致性的研究。Sutton等（2015）认为，通用目的财务报告的简约化有利于财务框架理论的发展，IASB和FASB（2010）的征求意见稿中建议的财务报告列报的方法会增加使用者对财务报告内容的信心。Dong等（2016）研究发现，财务报告的列报方式影响了投资者的决策判断，尤其信息的分类分解会影响投资者对盈利持续性的判断。Barth（2018）指出，我们需要关注财务报告信息使用者到底需要什么样的信息做经济决策，从而决定提供什么样的信息。在列报方式的改革方面，Penman（2001）将企业经济活动分为经营活动和金融活动，并提出了一个盈利分析框架来帮助投资者深入了解公司的财务报表数据，由此为投资者提供了一个分析企业盈利前

景的有力工具。此后，很多学者从多种角度对财务报表重构框架进行了验证（Penman 2001，Fairfield and Yohn 2001，Lundholm and Sloan 2006，Fairfield et al. 2009，Penman 2013），相关研究结果基本肯定了重构框架在盈利预测和价值评估方面的作用。在我国，任世驰和罗绍德（2011）、任永平等（2014）认为“通用目的财务报告的目标”中的目标与信息使用者定位，是经过严密逻辑推导后，做出的令人信服的解释，因此更容易满足信息使用者的要求，从而提高了财务报告的信息质量。刘玉廷（2009）、葛家澍和陈朝琳（2011）认为，分类列报可以满足理性投资者进行投资决策的需要，能提高报表间的内在一致性（cohesiveness）。温青山等（2009）从财务分析角度，运用改进后的财务报表分析体系，采用案例研究的方法对改进后的分析体系列报效果进行了检验，证明财务报表的信息含量显著增加，报表的有用性得到增强。

可以看到，IASB和FASB已经认识到需求导向的重要性，并强调要以债权人和投资者作为财务报告的主要需求者，其提出的征求意见稿中将企业经济活动进行分类的方法也是对财务报告列报的有益尝试。众多研究表明，该尝试有利于财务报告的盈利预测和价值评估功能。但遗憾的是，随着IASB与FASB合作的终止，相关尝试并没有持续下去并有效地发展。在理论界，通用目的财务报告的目标已经达成共识，分类列报的效果也得到验证，但是如何在目标的指导下利用分类列报思想来改进现行财务报表列报方面的研究并不多见。本文以财务报告信息使用者的需求导向为原则，基于IASB和FASB联合制定的概念框架中规定的财务报告的目标，首先详细分析财务报告信息使用者的信息需求，然后分析现行财务报告的主体——三大财务报表是否满足了信息使用者的信息需求。其次，在此基础上，提出改进后的财务报表样式，以复星医药为案例，重新编制该公司2015~2017年度三大财务报表。最后，本文分析改进后的财务报表能带来的信息，从而验证改进后的财务报表能更好地满足信息使用者的信息需求。

二、财务报告信息使用者所需信息的分析

（一）概念框架中财务报告的目标

1. 财务报告主要信息使用者

现行概念框架中明确将通用目的财务报告的目标列为：提供关于报告主体的财务信息，该财务信息有助于现实的和潜在的投资者、贷款人和其他债权人做出是否向报告主体提供资源的决策（IASB 2018），即财务报告的主要信息使用者（以下简称信息使用者）为投资者、贷款人和其他债权人。其他信息使用者，如外部监管机构、雇员、顾客、政府机构等，“可能在一般财务报告中找到有用信息，但这些报告不是主要针对这些团体需要的”。这样的界定是源于会计准则制定机构认识到会计准则无法满足所有使用者的不同效用偏好，因此将财务报告的服务对象定位于“主要信息使用者”（陈旻 2013）。该界定

改变了财务会计在同时服务不同的信息使用者及提供不同类别的会计信息方面“无所不能”，但事实上却“无能为力”，进而“无所适从”的局面（任世驰和罗绍德 2011），可以使会计目标更聚焦，更容易满足信息使用者的信息要求，从而提高财务报告的信息质量（任永平等 2014）。

2. 财务报告信息使用者共性信息需求分析

投资者和债权人作为不同的利益主体，对于报告主体的要求和在主体中的权益是不一样的，因此其所要求的信息侧重点也有所不同。财务报告要提供对信息使用者决策有用的会计信息。既然要同时满足投资者和债权人的信息需求，就要挖掘两者的共性信息需求，从而使信息可以同时满足两者的决策需要。能同时满足两者决策需要的信息是什么呢?

我们发现，不管是企业的投资者还是债权人，实质上都是企业资金的投入者。他们将资金投入企业，想要获知的信息应该是资金在企业这个“资金运作中心”中的运用情况，具体应该包括：资金的存量信息及相关结构信息；资金是否产生了增值，其增值回报率如何，即资金运用效率、效果信息；资金的流量信息，即资金在企业中如何流动及净流量信息。获得这些信息后，投资者可以据此判断自己投入资金的保值、增值情况，从而为自己以后的投资做决策；债权人也可以依此判断自己投入资金的风险、收益情况并做出相应决策。因此，对“资金”相关信息的提供可以增强信息对资金提供者的决策有用性。同时，企业经济活动都是围绕着“资金”展开的，提供与资金相关的信息可以呈现企业经济活动的财务图景。这与概念框架中提出的“主体所拥有的经济资源、主体要求权及资源和要求权的变动信息，以及主体运用资源效率、效果方面的信息”（IASB 2018）是一致的，并且可以更加清晰、翔实地反映财务报告的目标，内容更加明确、充实、完整。

（二）财务报告信息使用者共性信息需求的进一步分析

1. 资金概念的重新思考

前文已经分析，作为资金投入者的投资者和债权人，共同需要的是资金在企业中的相关信息。现行资产负债表可以提供清晰的资金来源及资金运用信息吗？我们来分析财务管理领域与资金相关的几个重要概念：资本、资金与资产。资本是企业资金投入者投入的货币及非货币资源，资金即资本在企业中的运用（王竹泉 2015）。我们可以表述为，资本是货币资源的来源，资金反映货币资源的具体运用情况。资产是企业所拥有的、预期能为企业带来利益的资源。那么资产的全部表现形态都是资金的运用吗？并不全是。例如，当企业购买原材料等资产而没有立即支付货币时，资金并没有得到运用，资产却增加了。当企业运用其员工的人力资源生产产品而没有支付报酬时，资产增加了，资金却没有得到使用。这一类事项在企业的营业过程中很多，都会导致资产发生变化而资金并没有得到运用，与此同时，负债发生。这一类负债并不是与债权人之间产生的负债，而是与企业的客户、供应商、员工、税务部门等之间产生的，一般在企业营业活动中产生，因此可以称为营业性负债，包括应付账款、应付票据、应付职工薪酬、预收账款、应交税费等。与之相对应，由于债权人提供资金而产生的负债可以称为金融性负债，包括短期借款、长期借款、应付债券等。通过以上分析，我们可以得到这样一个等式：资金=资产-营业性负债（王竹泉 2015）。将负债分解为营业性负债和金融性负债后，可以将会计等式“资产=负债+所有者权益”列示为“资产=营业性负债+金融性负债+所有者权益”，进一步列示为“资产-营业性负债=金融性负债+所有者权益”。该会计等式可以反映投资者投入资金的来源及运用信息，会计等式左边为资金的运用，会计等式右边为资金的来源。

2. 信息的进一步分解与内在一致性

IASB和FASB在2010年发布的征求意见稿中，明确提出了财务报告列报的核心原则为信息分解性（disaggregation）与内在一致性，并根据各国反馈意见对企业经济活动的具体分类给出了详细列示（IASB and FASB 2010）。经过分解的财务报表项目，尤其是会计盈利项目，比总括性的数据更能说明市场定价的差异，且会计期间越短，这种优势越明显（王跃堂和李侠 2012）。

传统的对于企业经济活动的分类方式是将企业经济活动分为经营活动和金融活动两大类。其中，金融活动又包括投资活动和筹资活动。然而，我们分析资金流动的方向，发现这一分类方法是不恰当的。筹资活动和投资活动分属于资金筹集与运用两个方向，而投资活动和经营活动都属于资金运用方向。随着资本经营活动在企业中运用得越来越广泛，越来越多的国内外组织和学者开始将经营活动和投资活动列为能为企业创造价值的营业活动的重要组成部分（IASB and FASB 2010，王竹泉 2013，Penman 2013）。王竹泉（2013）指出，传统的将企业营业活动等同于产品经营活动的观念已经越来越狭隘，基本概念亟待重新认识。不论从企业的使命，还是从资本运动的过程和内在逻辑来看，经营活动和投资活动才是具有共性的经济活动，也应是企业的主要经济活动。我们采用王竹泉（2013）对营业活动的重新划分，即从企业创造价值的使命和企业资本运动的方向来看，经营活动和投资活动都是通过资金运用为企业创造价值，前者是通过产品经营实现价值创造，可以视为企业直接运用资金创造价值的活动，后者是通过资本运营为企业创造价值，可以视为企业运用资金间接创造价值的活动。两者都应该被列入企业的价值创造模式，并应归类为一大类，即企业的营业活动。筹资活动是为企业创造价值活动筹集资金，属于资金来源一方，应单独列为一类。

在拓展的营业活动观念下，企业的资金在经营活动和投资活动之间的配置，应该取决于哪类活动的配置效率更高，即在同样的资金投入前提下哪类活动能够为企业投资者创造更多的价值。我们在提供资金运用效率信息时，需要按经济活动分类提供更加翔实、具体的信息。

三、现行财务报告满足了财务报告主要使用者的需求了吗？

本部分将分析企业财务报告的主体部分——三大财务报表，即资产负债表、利润表及现金流量表是否满足了财务报告使用者的需求。

（一）资产负债表分析

现行资产负债表列示的是企业资产、负债、所有者权益情况。通过上文分析，我们已经知道，资产并不等于资金，资产的相关信息并不能反映投资者和债权人需要的资金信息。会计等式右边的所有者权益部分可以提供企业股权投资者资金来源信息，即所有者投入金额（实收资本和资本公积）和企业通过留存收益积累金额（盈余公积和未分配利润）。但负债部分不仅包括金融性负债，还包括营业性负债，而营业性负债反映的不是债权人需求信息，而是与企业有其他利益关系的供应商、职工或政府税务部门之间关系的信息。如果将企业的供应商、职工、税务部门也都列为企业资金的投资者，就大大泛化了"投资者"的概念，并与股东、债权人等真正的资金投资者概念混淆，显然是不合适的。因此，负债部分不能准确反映资金来源信息。

资产负债表在进行资产列示时，并没有按企业主要经济活动进行分类，报表信息使用者无法获得资金运用方向的详细信息，无法以此为依据分析其资金的运用效率如何。因此，资产负债表提供的会计信息有待进一步分解。

（二）利润表分析

利润表中净利润的计算是企业的经营成果减去债权人的利息后剩余的部分，因此获得满足的信息使用者应该是股东等所有者。尤其是引进综合收益的概念后，股东作为信息使用者的表现更为明显。综合收益是从资产负债观的角度，反映企业某一期间所有者收益变动的金额，是真正地从所有者的角度来度量企业盈余的。由此可见，利润表的服务对象是公司的所有者，并不包含债权人。在计算利润时，没有按照经济活动进行分类，投资者无法获知资金在哪方面获利比较多，资金利用效率信息难以获得。此外，计算投资收益时，在利润表中，从联营企业和合营企业取得的收益属于税后收益，而与之进行计算的其他项目都属于税前收益，因此存在计算口径不一致的问题。

（三）现金流量表分析

现行的现金流量表将企业资金流动分为经营活动、投资活动和筹资活动三部分，分别列示企业资金在各类活动的流入、流出及净流动金额。现金流量表在筹资活动中反映了股东和债权人投入资金的金额，即报告主体的资金来源信息；在投资活动和经营活动中反映了资金的运用情况。因此，现金流量表基本反映了股东和债权人资金的使用情况，是现行三大财务报表中最能符合财务报告信息使用者要求的报表。但是现行现金流量表将经济活动进行分类时，与其他财务报表之间无法实现"内在一致性"。例如，在投资活动的分类中，包含了购建固定资产、无形资产和其他长期资产所支付的现金，以及处理固定资产、无形资产和其他长期资产所收到的现金。固定资产、无形资产是供企业在经营活动中使用的资产，与其相关的现金流入和流出应该属于经营活动的现金流量。利润表中的"投资收益"，核算的是企业通过资本运营等间接为企业创造价值的活动为企业创造的收益，并不包括处置固定资产、无形资产取得的收益。因此，为了保持财务报表之间的“内在一致性”，需要将现行的现金流量表进行重新调整。

早在2008年，IASB和FASB在《财务报表列报初步意见》（讨论稿）中归纳了长期以来财务报告使用者对财务报表的批评，主要表现在三个方面：①财务报表存在可供选择的不同列报方式，这会影响不同实体财务报表的可比性。②已确认的交易或事项在不同报表中的分类不同。例如，现金流量表要求披露经营活动现金流，而综合收益表和财务状况表中没有单独提供经营活动的信息，这样导致财务报告信息使用者很难通过比较“经营收入”和“经营活动现金流”来评估实体盈利质量，报表之间的钩稽关系很难被理解。③报表信息没有充分分解。例如，实体只列示产品成本和管理费用总额，财务报告信息使用者很难计算实体主要活动的收入和成本之间的关系，也很难对同行业的公司进行竞争力分析（IASB and FASB 2008）。十余年的时间过去了，财务报表存在的三大缺陷依然存在，IASB和FASB（2010）提出的财务报表列报的基本原则“信息分解性”与“内在一致性”依然没有实现，对财务报表列报的改进亟须进行。

四、如何改进现行报表才能满足财务报告主要信息使用者的需求？

（一）资产负债表的改进

从通用财务报告目标出发，站在投资者和债权人角度，将其提供的资金分为“资金运用”和“资金来源”两个方面分别列示在资产负债表左右。运用前述“资产–营业性负债=金融性负债+所有者权益”会计等式，会计等式左边反映资金运用情况，在资产负债表左边列示；会计等式右边反映资金来源情况，在资产负债表右边列示。其中，资金运用分别按经营活动和投资活动来列示。表1为运用复星医药2016年度、2017年度财务报告中合并财务报表的资料（资料来源于巨潮资讯网）编制的改进后的资产负债表。该资产负债表左方分为“经营活动资金运用”与“投资活动资金运用”两大部分。其中，“经营活动资金运用”列示了资金在企业经营活动中的资金形态，按照流动性划分为“经营活动营运资金”（=经营性流动资产–经营性流动负债）和“经营活动长期资金”（=经营性长期资产–经营性长期负债）。“投资活动资金运用”列示了企业在投资活动中资金运用情况，按照流动性分为“投资活动营运资金”和“投资活动长期资金”。该资产负债表右方分为“金融性负债”和“股东权益”两大方面进行列示，分别反映债权人和投资者投入资金的信息。

（二）利润表的改进

从通用目的财务报告的目标出发，站在投资者和债权人角度，首先计算息税前经营活动损益（经营活动息税前利润），然后计算息税前投资活动损益（投资活动息税前利润）。

表 1 复星医药改进后的资产负债表

编制单位： 单位：元

资金运用	2017年	2016年	2015年	资金来源	2017年	2016年	2015年
经营活动资金运用				金融性负债			
经营性流动资产：				流动负债：			
经营性货币资金[1)]	7 248 867 212.46	5 996 029 734.10	4 028 636 940.55	短期借款	9 714 866 318.58	3 826 209 697.21	5 471 705 501.11
应收票据	578 011 815.91	424 856 792.73	410 349 704.69	应付股利	116 813 129.88	1 711 025.08	2 031 556.25
应收账款	3 247 537 670.36	1 965 005 507.57	1 736 220 516.77	应付利息	153 944 798.49	176 168 883.26	163 259 760.39
预付款项	273 400 085.19	271 226 977.65	161 784 923.27	一年内到期的非流动负债（金融性）[8)]	763 328 841.23	1 824 176 663.72	1 862 468 604.71
其他应收款	380 348 162.37	230 873 603.01	200 961 196.28	其他金融性流动负债[3)]		499 752 756.27	
存货	2 750 516 825.39	1 670 738 356.90	1 648 772 710.69				
其他经营性流动资产[2)]	315 300 235.84	72 146 385.02	27 562 425.46				
经营性流动资产合计	14 793 982 007.52	10 630 877 356.98	8 214 288 417.71	流动负债合计	10 748 953 088.18	6 328 019 025.54	7 499 465 422.46
减：经营性流动负债							
应付票据	129 858 095.13	124 588 073.72	75 430 282.80	非流动负债：			
应付账款	1 652 025 373.92	1 024 791 136.80	973 219 593.81	长期借款	5 579 513 665.14	2 182 905 032.09	1 676 201 514.40
预收款项	527 263 500.56	385 744 475.33	260 234 846.80	应付债券	4 235 381 895.88	3 388 052 593.01	1 895 323 976.79
应付职工薪酬	558 830 300.19	444 193 481.98	376 650 519.18	长期应付款（金融性）[6)]	369 625 182.83	534 257 395.85	652 871 386.18
应交税费	480 072 154.72	478 197 923.91	503 779 841.52	其他非流动负债（金融性）[9)]	1 859 563 751.16		64 460 262.49
其他应付款	2 426 133 031.82	1 263 652 379.23	1 157 892 622.13				
一年内到期的非流动负债（经营类）				非流动负债合计	12 044 084 495.01	6 105 215 020.95	4 288 857 139.86
其他经营性流动负债[3)]	77 336 917.34	59 367 169.75	92 526 665.07	金融性负债合计	22 793 037 583.19	12 433 234 046.49	11 788 322 562.32
经营性流动负债合计	5 851 519 373.68	3 780 534 640.72	3 439 734 371.31				
经营活动营运资金[4)]	8 942 462 633.84	6 850 342 716.26	4 774 554 046.40				
经营性长期资产：							
投资性房地产[5)]							

续表

资金运用	2017年	2016年	2015年	资金来源	2017年	2016年	2015年
固定资产	6 556 004 505.65	5 140 004 619.24	4 760 795 154.43				
在建工程	1 757 944 757.18	1 159 895 265.22	1 001 223 471.26				
工程物资	1 920 987.67	4 831 809.89	2 911 998.48				
固定资产清理							
无形资产	7 248 134 618.19	3 080 359 300.04	3 023 258 988.80				
开发支出	1 026 410 507.67	570 204 236.66	222 531 714.42				
商誉	8 464 284 038.91	3 473 110 437.16	3 303 379 227.81	股东权益：			
长期待摊费用	36 977 866.03	20 747 087.05	12 636 011.98	股本	2 495 131 045.00	2 414 512 045.00	2 314 075 364.00
递延所得税资产	144 523 544.00	129 550 558.11	102 476 651.79	资本公积	9 078 267 927.17	7 857 571 615.31	6 059 856 290.76
其他非流动资产	554 496 049.42	574 771 261.11	212 927 033.81	减：库存股	9 523 417.00	26 818 892.30	43 493 914.40
经营性长期资产合计	25 790 696 874.72	14 153 474 574.48	12 642 140 252.78	其他综合收益	396 452 831.45	829 614 792.94	918 744 811.08
减：经营性长期负债				盈余公积	2 254 974 173.16	2 121 545 318.81	1 995 418 874.45
长期应付款（经营性）[6]	206 713 554.01	170 559 756.26	289 940 680.28	未分配利润	11 111 565 495.72	8 993 790 666.47	6 936 968 682.49
专项应付款				归属于母公司股东权益合计	25 326 868 055.50	22 190 215 546.23	18 181 570 108.38
预计负债				少数股东权益	4 414 585 875.70	3 060 110 389.77	2 488 078 534.50
递延所得税负债	2 981 149 353.52	1 786 426 762.64	1 844 761 899.28				
其他非流动负债（经营性）[7]	397 135 001.78	346 706 123.84	169 317 601.58				
经营性长期负债合计	3 584 997 909.31	2 303 692 642.74	2 304 020 181.14	股东权益合计	29 741 453 931.20	25 250 325 936.00	20 669 648 642.88
经营活动长期资金	22 205 698 965.41	11 849 781 931.74	10 338 120 071.64				
经营活动资金运用合计	31 148 161 599.25	18 700 124 648.00	15 112 674 118.04				
投资活动资金运用							
投资性货币资金[1]							
交易性金融资产	219 326 825.45	48 488 849.31	33 751 186.33				
应收股利	36 369 053.73	82 208 216.72	8 393 242.29				
应收利息	6 809 886.14	2 732 501.16	1 016 892.31				

续表

资金运用	2017年	2016年	2015年	资金来源	2017年	2016年	2015年
其他投资性流动资产[2)]			67 927 550.00				
减：交易性金融负债							
投资活动营运资金[4)]	262 505 765.32	133 429 567.19	111 088 870.93				
可供出售金融资产	2 673 249 060.90	2 674 435 887.42	3 314 451 981.04				
持有至到期投资							
长期股权投资	18 450 575 088.92	16 175 569 879.88	13 919 756 235.19				
其他投资性非流动资产							
减：投资活动长期负债							
投资活动长期资金	21 123 824 149.82	18 850 005 767.30	17 234 208 216.23				
投资活动资金运用合计	21 386 329 915.14	18 983 435 334.49	17 345 297 087.16				
资金运用总计	52 534 491 514.39	37 683 559 982.49	32 457 971 205.20	资金来源总计	52 534 491 514.39	37 683 559 982.49	32 457 971 205.20

1）货币资金持有动机具有多样性，企业可以根据持有目的将其划分为经营性货币资金或投资性货币资金。实在无法划分的，可以按照主要持有目的将其全部计入经营性货币资金或投资性货币资金，该案例中，将货币资金全部划分为经营性货币资金。2）其他流动资产的编制需要按原财务报表的附注资料进行分类，在该案例中，可供出售债务工具划分为投资活动，即归属于其他投资性流动资产，其他项目归属于其他经营性流动资产。3）其他流动性负债需要按其附注资料进行分类，在该案例中，短期融资券金额列示在其他金融性流动负债，其他金额合计列示在其他经营性流动负债。4）营运资金即营业活动的流动资金净需求，参考王竹泉等（2017），营运资金=流动资产–营业活动流动负债，经营活动营运资金=经营性流动资产–经营性流动负债，投资活动营运资金=投资性流动资产–投资性流动负债，在此案例中，投资性流动资产=投资性货币资金+交易性金融资产+应收股利+应收利息+其他投资性流动资产；投资性流动负债=交易性金融负债。5）目前我国会计准则规定，投资性房地产是为赚取租金或者资本增值，或二者兼而有之的房地产，可见投资性房地产的持有目的为“赚取租金或者资本增值”，经营性目的和投资性目的兼而有之。当投资性房地产发生增值时，其增值部分计入“公允价值变动损益”，作为利润表中“投资活动损益”计算。因此，增值导致的投资性房地产的增加计入投资活动，其他计入营业活动。此外，在现金流量表中，投资性房地产的处置计入投资活动。6）长期应付款的编制需要按其附注资料进行分类，在该案例中，应付股权收购款、分期偿还的贷款、子公司少数股东贷款、应付融资租赁款合计数列入长期应付款（金融性质），而职工安置费、其他单位往来款等列入长期应付款（经营性）。7）复星医药原报表中递延收益项目主要由政府补助和维修服务收入构成，因此列示在其他非流动负债（经营性）项目。8）一年内到期的非流动负债需要按其附注资料进行分析，在该案例中，全部金额合计列示在一年内到期的非流动负债（金融性）。9）复星医药原报表中的其他非流动负债属于授予少数股东的股份赎回期权，其金额列示在其他非流动负债（金融性）

其次将两者加总得到息税前利润总额。该指标为投资者和债权人共同需要的企业经营成果指标。经过调整，投资者和债权人均得到满足其需求的经营活动指标，并能清晰了解在经营活动及投资活动中的获利份额。表2是根据复星医药2016年度、2017年度财务报告中合并财务报表的资料编制的改进后的利润表。

表2 复星医药改进后的利润表 单位：元

项目	2017年	2016年	2015年
一、营业收入	18 533 555 418.42	14 628 820 443.07	12 608 648 314.38
减：营业成本	7 608 953 151.59	6 718 363 996.86	6 308 040 687.96
二、毛利	10 924 602 266.83	7 910 456 446.21	6 300 607 626.42
减：税金与附加	222 924 252.39	152 543 484.36	106 485 254.66
销售费用	5 790 535 637.90	3 704 056 389.72	2 815 141 395.08
管理费用	2 749 354 326.98	2 311 856 850.80	1 905 522 063.16
资产减值损失（经营性资产）[1]	41 701 550.37	79 345 257.58	70 455 760.73
加：营业外收入	13 482 523.05	195 112 995.42	106 660 911.57
其他收益	141 783 885.20		
减：营业外支出	26 659 731.71	22 980 280.59	32 001 555.90
三、息税前经营活动损益（经营活动息税前利润）	2 248 693 175.73	1 834 787 178.58	1 477 662 508.46
四、息税前投资活动损益（投资活动息税前利润）	2 780 795 898.33	2 585 304 605.45	2 713 560 033.81
公允价值变动收益	44 071 694.43	12 301 174.02	−2 218 433.18
投资收益[2]	2 757 430 203.90	2 573 003 431.43	2 715 778 466.99
其中：对联营企业和合营企业的投资收益[3]	1 801 764 029.76	1 790 410 583.00	1 476 622 661.00
减：资产减值损失（投资性资产）[4]	20 706 000.00		
五、息税前利润总额[5]	5 029 489 074.06	4 420 091 784.03	4 191 222 542.27
减：所得税	476 457 580.05	350 207 030.72	501 170 684.08
六、息前税后利润总额[6]	4 553 031 494.01	4 069 884 753.31	3 690 051 858.19
七、利息[7]	554 784 714.43	400 940 311.75	450 235 338.56
八、权益投资人收益[8]	3 998 246 779.58	3 668 944 441.56	3 239 816 519.63

1）资产减值损失应该按照报表附注列示进行归类，分为经营性资产减值损失和投资性资产减值损失，该处资产减值损失列示由于经营性资产而产生的资产减值损失，该处的经营性资产与改进后的资产负债表中经营性资产一致，主要包括应收账款、存货、固定资产、无形资产等。该案例数据根据原财务报表的附注资料进行区分。2）对联营企业和合营企业的投资收益为联营企业和合营企业税后净利润乘以所占股份比例后所得数额，因此为税后金额，为了保持数据口径计算的一致性，应该调整为税前金额。复星医药原利润表中 2016 年度投资收益数额为 2 125 400 785.57 元，包含对联营企业和合营企业的投资收益 1 342 807 937.57 元，而 1 342 807 937.57 元是税后收益，我们应该调整为税前口径。税前口径的投资收益=2 125 400 785.57− 1 342 807 937.57+1 342 807 937.57/（1−25%）=2 573 003 431.43 元，复星医药 2017 年度、2015 年度投资收益调整方法一致。3）复星医药原利润表中 2016 年度对联营企业和合营企业的投资收益为 1 342 807 937.57 元，调整为税前口径的对联营企业和合营企业的投资收益=1 342 807 937.57/（1−25%）=1 790 410 583.43 元，2017 年度、2015 年度调整方法一致。4）该处资产减值损失列示由于投资性资产而产生的资产减值损失，该处投资性资产与改进后的资产负债表中投资性资产一致，主要包括持有至到期投资、交易性金融资产、长期股权投资等。5）息税前利润总额=息税前经营活动损益（经营活动息税前利润）+息税前投资活动损益（投资活动息税前利润）。6）息前税后利润总额=息税前利润总额−所得税，代表了基金投资者当期营业活动的增值。7）复星医药原利润表中财务费用包括企业生产经营期间发生的利息支出（扣除利息收入）、汇兑损益、金融机构手续费等，将此部分全部计入利息。8）权益投资人需要掌握的收益信息，等于息前税后利润总额−债权人收益（即利息）

（三）现金流量表的改进

现行的现金流量表从经营活动、投资活动、筹资活动三个方面反映了报告主体内部资金的变化情况，但在分类上并不合理，不能实现与资产负债表、利润表的内在一致性。我们从新的分类方法出发，对现金流量表进行改进。表3是根据复星医药2016年度、2017年度合并财务报表的资料编制的改进后的现金流量表。

表3 复星医药改进后的现金流量表 单位：元

项目	2017年	2016年	2015年
一、经营活动产生的现金流量：			
销售商品、提供劳务收到的现金	19 910 852 999.38	16 841 502 506.56	14 442 722 348.05
收到的税费返还	93 701 746.23	70 858 639.15	38 546 211.98
处置固定资产、无形资产和其他长期资产收回的现金净额[1)]	100 175 560.15	61 807 285.53	21 999 272.96
收到的其他与经营活动有关的资金	653 888 974.41	336 201 597.69	240 946 458.33
经营活动现金流入小计	20 758 619 280.17	17 310 370 028.93	14 744 214 291.32
购买商品、接受劳务支付的现金	7 946 557 765.44	7 194 444 977.13	6 469 298 784.76
支付给职工以及为职工支付的现金	2 871 681 613.31	2 196 003 859.71	2 004 350 460.41
购建固定资产、无形资产和其他长期资产支付的现金[2)]	2 170 616 776.72	1 921 961 652.59	1 235 536 021.32
支付的各项税费	2 053 301 976.05	1 631 356 277.74	1 434 489 155.59
支付其他与经营活动有关的现金	5 206 676 589.54	4 116 718 363.71	3 193 048 742.17
经营活动现金流出小计	20 248 834 721.06	17 060 485 130.88	14 336 723 164.25
经营活动产生的现金流量净额	509 784 559.11	249 884 898.05	407 491 127.07
二、投资活动产生的现金流量：			
收回投资收到的现金	1 015 745 755.65	1 070 443 493.82	1 769 244 747.25
取得投资收益收到的现金	534 810 616.13	422 200 925.11	357 762 073.19
处置投资性房地产收回的现金净额			
处置子公司及其他营业单位收到的现金净额	10 553 582.81		354 261 419.65
收到其他与投资活动有关的现金	421 108 939.21	43 153 960.32	95 409 360.77
投资活动现金流入小计	1 982 218 893.80	1 535 798 379.25	2 576 677 600.86
购建投资性房地产所支付的现金			
投资支付的现金	2 525 667 388.49	1 395 689 512.51	2 955 251 265.99
取得子公司及其他营业单位支付的现金净额	7 833 151 142.68	249 441 058.91	244 318 987.65
支付其他与投资活动有关的现金	57 061 375.00	477 609 525.54	33 481 648.86
投资活动现金流出小计	10 415 879 906.17	2 122 740 096.96	3 233 051 902.50
投资活动产生的现金流量净额	−8 433 661 012.37	−586 941 717.71	−656 374 301.64
三、筹资活动所产生的现金流量：			
吸收投资收到的现金	3 017 637 933.26	2 728 483 965.95	116 126 495.00
其中：子公司吸收少数股东投资收到的现金	980 351 175.17	452 633 971.05	87 721 195.00

续表

项目	2017年	2016年	2015年
取得借款收到的现金	18 014 121 224.95	10 526 974 403.65	9 243 404 389.30
收到其他与筹资活动有关的现金	200 765 011.47	78 859 379.43	78 294 371.49
筹资活动现金流入小计	21 232 524 169.68	13 334 317 749.03	9 437 825 255.79
偿还债务支付的现金	9 085 340 089.86	9 956 120 701.94	7 239 721 247.03
分配股利、利润或偿付利息所支付的现金	1 608 825 627.84	1 297 520 192.54	1 246 330 949.81
其中：子公司支付给少数股东的股利、利润	175 288 432.53	103 999 767.31	137 057 526.23
支付其他与筹资活动有关的现金	629 731 329.94	634 647 317.34	401 057 993.90
筹资活动现金流出小计	11 323 897 047.64	11 888 288 211.82	8 887 110 190.74
筹资活动产生的现金流量净额	9 908 627 122.04	1 446 029 537.21	550 715 065.05
四、汇率变动对现金及现金等价物的影响	−172 467 936.13	80 470 381.54	36 606 239.55
五、现金及现金等价物净增加额	1 812 282 732.65	1 189 443 099.09	338 438 130.03
加：期初现金及现金等价物余额	4 538 036 620.20	3 348 593 521.11	3 010 155 391.08
六、期末现金及现金等价物余额	6 350 319 352.85	4 538 036 620.20	3 348 593 521.11

1）该项目在复星医药原现金流量表中属于投资活动现金流量项目，在改进后的现金流量表中调整为经营活动现金流量项目；2）该项目在复星医药原现金流量表中属于投资活动现金流量项目，在改进后的现金流量表中调整为经营活动现金流量项目

需要说明的是，利用复星医药原报表资料对报表进行改进时需要反复研究报表附注信息并进行逐一判断，工作量较大。企业如果按照账户既有信息以改进后的报表样式直接编报，则只需要修改财务软件中报表系统各项目公式，便可以自动生成所需报表。因此，改进后的报表的编制在实务中可操作性很强，并不会造成编制成本的上升。此外，对财务报表列报格式进行调整，从而在提高信息使用者的决策有用性的同时，不需要对会计的基本假设、会计主体、会计要素等基本理论进行任何调整。因此，改革财务报表列报模式是最有效、最经济的财务报告改革方案。

五、改进后的财务报表所提供的财务信息分析

从上述改进后的财务报表中，我们可以得到以下指标数据，这些财务信息可以反映“资金”相关信息，提高信息对投资者和债权人的决策有用性。

（一）公司资金存量信息及资金配置结构信息

股东和债权人最关心的信息应该是其投入资金的存量及资金在公司的运用方向信息，即公司资金存量信息和资金配置结构信息。通过前文分析我们已经知道，现行财务报表中资产、负债信息并不能提供精确的资金存量及来源信息。通过改进后的财务报表，我们可以清晰提供总资金存量及来源结构信息（具体包括金融性负债和所有者权益），以及资金在公司的运用方向信息（具体包括经营活动占用资金信息和投资活动占用资金信

息）。表4是根据复星医药改进后的财务报表计算出的复星医药资金存量信息和资金配置结构信息。

表4 复星医药资金存量信息和资金配置结构信息（一） 单位：万元

项目		2015年		2016年		2017年	
		金额	占比	金额	占比	金额	占比
资金来源	金融性负债	1 178 832.26	36.32%	1 243 323.40	32.99%	2 279 303.76	43.39%
	所有者权益	2 066 964.86	63.68%	2 525 032.59	67.01%	2 974 145.39	56.61%
	合计	3 245 797.12	100.00%	3 768 355.99	100.00%	5 253 449.15	100.00%
资金运用	经营活动占用	1 511 267.41	46.56%	1 870 012.46	49.62%	3 114 816.16	59.29%
	投资活动占用	1 734 529.71	53.44%	1 898 343.53	50.38%	2 138 632.99	40.71%
	合计	3 245 797.12	100.00%	3 768 355.99	100.00%	5 253 449.15	100.00%

注：数据进行了四舍五入调整

从表4中可以看到，复星医药3年来的资金额呈不断上升趋势，尤其在2017年有较大提升。2015~2017年的资金运用总额分别为3 245 797.12万元、3 768 355.99万元、5 253 449.15万元，而在原资产负债表上提供的3年的资产总额分别为3 820 172.58万元、4 376 778.73万元、6 197 100.88万元，差异率分别为17.70%、16.15%、17.96%，差异明显。如果投资者和债权人将资产作为自己投入资本的运用形态，会大大高估自己的资金存量。

分析资金来源结构可以看到，自有资金呈缓慢增长趋势，而金融性负债在2017年增长83.32%，是总资金增加的主要原因。在资金运用方面，复星医药2015年投资活动占用资金多于经营活动占用资金，在2016年两者基本持平，而2017年经营活动占用资金远多于投资活动占用资金，说明公司已经大力改变了自己的经营战略，将大部分资金运用到经营活动中。我们还可以从流动性方面进一步分析，如表5所示。

表5 复星医药存量信息和资金配置结构信息（二）

项目		2015年		2016年		2017年	
		金额/万元	占总资金比例	金额/万元	占总资金比例	金额/万元	占总资金比例
经营活动占用资金	营运资金	477 455.40	14.71%	685 034.27	18.18%	894 246.26	17.02%
	长期资金	1 033 812.01	31.85%	1 184 978.19	31.45%	2 220 569.90	42.27%
	合计	1 511 267.41	46.56%	1 870 012.46	49.62%	3 114 816.16	59.29%
投资活动占用资金	营运资金	11 108.89	0.34%	13 342.95	0.35%	26 250.58	0.50%
	长期资金	1 723 420.82	53.10%	1 885 000.58	50.02%	2 112 382.41	40.21%
	合计	1 734 529.71	53.44%	1 898 343.53	50.38%	2 138 632.99	40.71%
总计		3 245 797.12		3 768 355.99		5 253 449.15	

注：数据进行了四舍五入调整

从表5中可以看到，复星医药2017年度投入经营活动中的资金虽然增加，但投入经营活动中营运资金的比例反而下降，大大增加了经营活动中长期资金的投入。公司投入投资活动中的资金，尤其长期资金有比较大幅度的下降。我们可以进一步分析经营活动中长期资金的组成项目，从而掌握更具体的资金流向信息。通过改进后的资产负债表，信息使用者可以清晰、详细而又准确地掌握其投入资金的运用情况。

（二）公司资金运用效率信息

参考王竹泉（2016），将资金运用效率从资金回报效率和资金周转效率两个维度展开，分别列示公司的资金获利能力和资金周转能力，指标体系分析如下。

1. 资金回报效率指标

我们首先计算总资金报酬率来反映股东和债权人总的资金回报率。其次，分不同经济活动来计算经营活动资金回报率和投资活动资金回报率，从而详细掌握公司资金运用效率。相关计算公式如下：

总资金报酬率=（经营活动息税前利润+投资活动息税前利润）/总资金

=息税前营业利润/总资金

股东资金回报率=权益投资人收益/股东权益

经营活动资金回报率=经营活动息税前利润/经营活动总资金

投资活动资金回报率=投资活动息税前利润/投资活动总资金

相比于现行财务报表中可以提供的总资产报酬率与净资产收益率指标，上述指标可以更加精确、详细、同口径地提供公司资金运用效率信息。

表6是按照复星医药改良后的资产负债表和利润表计算的相关指标。

表6　复星医药资金运用效率指标

指标	2015年	2016年	2017年
总资金报酬率	12.91%	11.73%	9.57%
（旧指标）总资产报酬率	10.97%	10.10%	8.12%
经营活动资金回报率	9.78%	9.81%	7.22%
投资活动资金回报率	15.64%	13.62%	13.00%
股东资金回报率	15.67%	14.53%	13.44%

从表6可以看出，（旧指标）总资产报酬率低估了公司的资金报酬率。但公司的总资金报酬率处于不断下跌趋势。进一步分解后发现，投资活动资金回报率逐年下跌，但2017年与2016年相比基本保持平稳；而2017年经营活动资金回报率较2016年下降很明显。这可能是公司资金大量投入经营活动长期资金中短期内见效慢导致的。因此，需要密切关注2018年经营活动资金回报率的增长情况来判断公司的资金运用效率。受两者同时影响，公司股东资金回报率逐年下跌，因此公司需要进一步提高公司资金运用效率。

2. 资金周转效率指标

资金周转效率指标可以反映公司资金周转的快慢程度，进而反映资金的运用效率。我们采用营业活动资金回收额占总资金的比重来看公司资金的周转速度。具体计算公式如下：

总资金周转率=营业活动资金回收额/总资金

=（经营活动现金流入+投资活动现金流入）/总资金

经营活动资金周转率=经营活动现金流入/经营活动资金运用

投资活动资金周转率=投资活动现金流入/投资活动资金运用

现行财务指标体系中用总资产周转率（销售收入/平均总资产）来衡量公司资产使用效率。与该指标相比，资金周转效率指标可以精确反映资金周转速度，并能分别反映经营活动及投资活动资金运用效率。表7为复星医药资金周转效率指标。

表7 复星医药资金周转效率指标

指标	2015年	2016年	2017年
总资金周转率	0.533 6	0.500 1	0.432 9
经营活动资金周转率	0.975 6	0.925 7	0.666 4
经营活动营运资金周转率	3.088 1	2.526 9	2.321 4
经营活动长期资金周转率	1.426 2	1.460 8	0.934 8
投资活动资金周转率	0.148 6	0.080 9	0.092 7
投资活动营运资金周转率	23.194 7	11.510 2	7.551 1
投资活动长期资金周转率	0.149 5	0.081 5	0.093 8
（旧指标）总资产周转率	0.330 1	0.356 9	0.350 6

从表7可以看出，如果分析（旧指标）总资产周转率，可以看到公司总资产周转率2016年比2015年上升，2017年与2016年基本持平。但通过分析新指标我们发现，公司总资金周转率2015~2017年持续下降，2017年更有较大幅度下降，尤其经营活动资金周转率下降明显。进一步分析后可以发现，2017年经营活动营运资金周转率与经营活动长期资金周转率都有下降，但2017年与2016年相比，周转率的下降主要在于经营活动长期资金周转率的大幅下降。在投资活动方面，2017年的投资活动资金周转率虽然比2016年略有上升，但比2015年仍然下降明显，尤其投资活动营运资金周转率下降明显，需要加以调整。更进一步地，还可以分渠道、分要素分析各个周转率指标，从而对公司周转率中存在的问题对症下药。

（三）公司资金融资结构与财务风险指标

1. 公司总资金融资结构和总体财务风险指标

公司资金融资结构是公司借入资金和自有资金分别所占的比例，即财务上统称的资本结构，是公司各种资本的价值构成及比例，它在很大程度上决定着企业的偿债和再融资能力。在传统财务分析体系中，用资产负债率（负债总额/资产总额）来衡量资本结构。而资产和负债中同时包含的营业性负债与金融性负债性质是不同的，只有金融性负债属于债权人投入资金，因此我们提供的以下指标能更精确地反映公司的资金融资结构。

借入资金占比=资本负债率=金融性负债/总资金

自有资金占比=所有者权益/总资金

资本杠杆=总资金/净资产（旧指标资本杠杆=总资产/净资产）

资金来源不同，公司财务风险大小也就存在很大差异。相比自有资金（所有者权益）

融资，债权（借入资金）融资带来的财务风险更大。因此，借入资金占总资金之比越高，财务风险越大。

表8为复星医药资金融资结构及财务风险指标分析。

表8　复星医药资金融资结构及财务风险指标分析

指标	2015年	2016年	2017年
借入资金占比（资本负债率）	36.32%	32.99%	43.39%
自有资金占比	63.68%	67.01%	56.61%
资本杠杆	1.57	1.49	1.77
银行债务流动比率	0.65	1.10	0.86
（旧指标）资产负债率	45.89%	42.31%	52.01%
（旧指标）资本杠杆	1.85	1.73	2.08
（旧指标）流动比率	0.76	1.06	0.91

从表8可以看出，复星医药2016年与2017年借入资金占比维持在30%以上，资本结构较为稳健，财务风险较小。但在2017年公司增加了大量金融性负债，资本负债率有很大提升，财务风险明显增大。这也是资产负债率指标明显加大的主要原因，但仅依据资产负债率指标我们难以区分是何种负债导致该指标上升，即资本负债率指标对负债的界定更清晰。新的资本杠杆与旧指标资本杠杆相比，更能精确反映公司利用金融性负债杠杆的能力。与旧指标相比，指标数明显下降，说明公司运用负债这一资本杠杆的能力并不强。

2. 公司短期财务风险指标

传统指标采用流动比率（流动资产/流动负债）来分析公司的短期偿债能力。为了更加稳健计算公司对债权人的偿债能力，我们扣除营业性流动负债，来分析公司流动资产中扣除营业性流动负债后剩余可用于偿还债权人流动负债的金额。此指标可以更稳健地计算公司的短期偿债能力，计算公式如下：

银行债务流动比率=（流动资产–营业性流动负债）/金融性流动负债

=营运资金/金融性流动负债

该指标越大，说明公司流动资产中用于偿还金融性流动负债的准备越大，公司短期偿债能力越强，短期财务风险越低。

从表8可以看出，复星医药的银行债务流动比率在2015年、2017年均低于1，即公司流动资产扣除营业性流动负债后并不能偿还债权人流动负债，短期财务风险较高。该指标比流动比率指标更能清晰、稳健地提供给债权人短期债务风险信息。

（四）分析总结

从上述财务报表的编制和财务指标的分析中，我们可以得到以下结论。

（1）改进后的财务报表可以满足债权人和投资者共同的信息需求，围绕两者共同提供的“资金”相关信息，可以更好地展示公司经济活动的财务图景。现行财务报表只是满足投资者的信息需求，而对债权人的需求提供信息很不明确。改进后的财务报表满足了两方共同的信息需求。

（2）改进后的财务报表可以清晰、详细地反映公司资金存量信息、资金运用效率信息及资金流量信息，而这些信息恰恰是财务报告使用者——投资者和债权人共同需要的信息，可以为两者决策提供更好的信息支持。

（3）改进后的财务报表可以更清晰地反映公司的资本结构，更稳健地反映公司的财务风险。对于债权人来讲，公司的偿债能力是其最关心的信息。通过改进后的财务报表，我们可以提供更准确的公司融资结构信息和更稳健的偿债能力指标信息，改进后的财务报表还可以提供公司总体财务风险信息和短期财务风险信息。

参 考 文 献

陈旻. 2013. 财务报告目标与会计信息功能研究. 当代会计评论，6（1）：94-109.
葛家澍. 2011. 论财务会计概念框架中的报告主体概念. 会计研究，（6）：3-7.
葛家澍，陈朝琳. 2011. 财务报告概念框架的新篇章——评美国 FASB 第 8 号概念公告（2010 年 9 月）. 会计研究，（3）：3-8.
葛家澍，刘峰. 2011. 论企业财务报告的性质及其信息的基本特征. 会计研究，（12）：3-8.
梁勇. 2016. 我国财务报表列报改革研究. 北京：经济科学出版社.
刘峰，葛家澍. 2012. 会计职能・财务报告性质・财务报告体系重构. 会计研究，（3）：15-19.
刘玉廷. 2009. 关于中国企业会计准则与国际财务报告准则持续全面趋同问题. 会计研究，（9）：6-9.
钱逢胜，乔元芳. 2018. 通用目的财务报告的目标——财务报告概念框架. 新会计，（5）：63-64.
任世驰，罗绍德. 2011. IASB 与 FASB《通用目的财务报告的目标》述评. 会计研究，（9）：25-31.
任永平，张希. 2014. 关于会计准则国际趋同下财务报告概念框架拓展——中国会计学会会计基础理论专业委员会 2014 年学术研讨会观点综述. 当代会计评论，7（2）：141-146.
任永平，李伟，江雨婷. 2014. 从 IASB 概念框架重建，看会计基础理论创新——基于 IASB《财务报告概念框架复评》文稿的思索. 上海：中国会计学会会计基础理论专业委员会 2014 年学术研讨会.
任永平，蔡宇欣，李伟. 2016. 试评 IASB、FASB 财务会计概念框架的趋同性. 商业会计，（19）：13-16.
孙光国，杨金凤，郑文婧. 2013. 财务报告质量评价：理论框架、关键概念、运行机制. 会计研究，（3）：27-35.
王跃堂，李侠. 2012. 财务报表列报改革及启示. 审计与经济研究，27（1）：48-59.
王竹泉. 2013. 重新认识营业活动和营运资金. 财务与会计（理财版），（4）：1.
王竹泉. 2015. 资本效率分析体系的理论重构. 青岛：2015 营运资金管理高峰论坛暨混合所有制与资本管理高峰论坛.
王竹泉. 2016. 营运资金指数与资金管理智库建设. 青岛：2016 营运资金管理高峰论坛暨混合所有制与资本管理高峰论坛.
王竹泉，段丙蕾，王苑琢，等. 2017. 资本错配、资产专用性与公司价值——基于营业活动重新分类的视角. 中国工业经济，（3）：120-138.
温青山，何涛，姚淑瑜，等. 2009. 基于财务分析视角的改进财务报表列报效果研究——来自中石油和中石化的实例检验. 会计研究，（10）：10-17.

Barth M E. 2014. Measurement in financial reporting：the need for concepts. Accounting Horizons，28（2）：331-352.

Barth M E. 2018. The future of financial reporting：insightsfrom research. Abacus，54（1）：66-78.

Dong L，Wong-On-Wing B，Gladie L. 2016. Are investors influenced by accounting presentation format and announcement prominence of special items? Contemporary Accounting Research，29（3）：804-837.

Fairfield P M，Yohn T L. 2001. Using asset turnover and profit margin to forecast changes in profitability. Review of Accounting Studies，6（4）：371-385.

Fairfield P M，Kitching K A，Tang V W. 2009. Are special items informative about future profitmargins? Review of Accounting Studies，14（2~3）：204-236.

Gebhardt G，Mora A，Wagenhofer A. 2014. Revisiting the fundamental concepts of IFRS. Abacus，50（1）：107-116.

Gordon E A，Bischof J，Daske H，et al. 2015. The IASB's discussion paper on the conceptual framework for financial reporting：a commentary and research review. Journal of International Financial Management and Accounting，26（1）：72-105.

IASB. 2013. A review of the conceptual framework for financial reporting. Discussion Paper.

IASB. 2018. Conceptul Framework for Financial Reporting. Working Paper.

IASB，FASB. 2008. Exposure draft of an improved conceptual frameworkfor financial reporting. https://www.taodocs.com/p-23778814-2.html.

IASB，FASB. 2010. Staff draft of exposure draft IFRS X：financial statement presentation. http://www.docin.com/p-1395996127.html.

Lundholm R J，Sloan R G. 2006. Equity Valuation and Analysis With eVal. 2nd ed. Boston：McGraw-Hill Irwin.

Miller B W M，Bahnson P R. 2004. 高质量财务报告. 阎达五，李勇，等译. 北京：机械工业出版社：1-10.

Nurnberg H. 2015. Changing perceptions of U.S. standard setters concerning the basic objective of corporate financial reporting. Accounting Historians Journal，42（1）：61-84.

Penman S H. 2001. Financial Statement Analysis and Security Valuation. New York：McGraw Hill.

Penman S H. 2013. Financial Statement Analysis and Security Valuation. 5th ed. New York：McGraw Hill.

Soliman M T. 2008. The use of DuPont analysis by market participants. The Accounting Review，83（3）：823-853.

Sutton D B，Cordery C J，van Zijl T. 2015. The Purpose of financial reporting：the case for coherence in the conceptual framework and standards. Abacus，51（1）：116-140.

Shortcomings and Improvements in the Existing Framework for Financial Reporting and Analysis：From the Perspective of Primary Users of Financial Reports

Zhuquan Wang and Zaixia Zhou

Ocean University of China，Qingdao，Shandong，China 266100

Abstract：How to provide high quality financial reports is the central question in accounting research. To provide high quality accounting information, we need to understand the needs of financial information users. From the "demand perspective of financial information users", the paper discusses the "objectives of financial reports" in the conceptual framework of financial reporting. First, we analyze the detailed requirements of financial information users. Second, we investigate whether the three main financial statements satisfy the requirements of these users. Third, we propose the improved forms of the three financial statements. Finally, we use Shanghai Fosun Pharmaceutical Corporation as an example, and prepare its improved financial statements. We analyze the information content of the improved financial statements, and confirm that the improved financial statements can better satisfy the needs of financial information users.

Keywords: Financial reporting purpose; funds; business liabilities; financial liabilities; working capital.

当代会计评论　　Contemporary Accounting Review
第11卷第4辑　　Vol.11 No.4
2018　　2018

《当代会计评论》体例格式要求

1. 稿件的首页应该提供以下信息

（1）文章标题；

（2）作者个人信息，包括作者姓名、单位、职称、职务、学位、通信地址、邮政编码、联系电话、传真、E-mail等；

（3）致谢及获得资助申明，置于首页的脚注中。

2. 稿件第2页包含以下信息

（1）文章标题；

（2）不超过200字的摘要；

（3）3～5个关键词。

3. 正文

第一级标题居中，用一、二、三等编号；第二级标题左空两格，用（一）、（二）、（三）等编号；第三级标题左空两格，用1. 、2. 、3. 等编号；其余均以连续数字（1）、（2）、（3）等标注；同一段内连续编号用①、②、③等标注。

示例：

二、基于我国资本市场的欧拉方程检验

……

（三）实证结果及分析

……

3. 稳健性检验

为了进一步检验上述模型在解释……，本文对其做以下稳健性检验。

改变被解释变量的取值。已经过……

改变样本期。

改变……

4. 图和表

分别连续编号，并安插在正文中的相应位置。正文中须与之呼应，如“如表2所示”“如图3所示”等，指示须清楚明白，避免出现“如下表所示”“如下图所示”等语句。

图的序号和标题之间不加标点，只空一格，并置于图下方正中的位置。图例和图的注释置于图形底部。表的序号和标题之间不加标点，只空一格，并置于表格上方正中的位置。表的注释（或说明文字）和资料来源置于表格下方。

5. 公式应以（1）、（2）、（3）等连续编号，编号放置在公式所在行的最右侧。

6. 在正文中参考文献采用“著者+年份”制，即在被引用的著者姓名之后用圆括号标注参考文献的出版年代。如著者姓名和年代在同一个括号内，姓名和年代之间不加标点，空一格。

示例：

徐道一（1983）认为，生物变革时期与太阳系在银河系的运行轨迹可能有一定联系。现代生态学研究的中心是生态系统的结构与功能以及人与生物之间相互作用的关系（马世骏等 1990）。生态学的现代品格是把一个意外的结果变成一个意料中的结果，把一个偶然的事件变成一个当然的事件（Harvey 1969）。

7. 所有参考文献应放置在文章末尾，简要说明如下：

（1）中文部分参考文献在前，英文部分在后，按作者姓名的汉语拼音或英文姓名字母顺序排列。

（2）英文人名一律“姓”全拼在前，“名”缩写在后，名缩写不加缩写点，姓、名中间加空。“姓”首字母大写，其余小写；“名”只写首字母，大写，两缩写名间加空。

示例：

Francis J，Schipper K，Vincent L. 2002. Expanded disclosures and the increased usefulness of earnings announcements. The Accounting Review，77：515-546.

（3）引用多位作者合著的文章时，列前3位作者，加“等（et al.）”。

（4）英文文章题目中，首词和专有名词的首字母大写，其余一律小写。

（5）英文书名和论文集名中实词首字母一律大写，介词和连词为小写，但首词和四个字母以上的介词首字母应大写。

（6）每条文献中各项必须齐全，并要特别注意以下容易忽略的项目：论文集编者姓名、论文集书名、专著和论文集的出版城市及出版社、起止页码等。

格式示例：

专著

作者. 出版年. 书名（包括副书名）. 版本（第一版应略去）. 出版地：出版者：页码.

作者. 出版年. 文章名. 见：原出版物责任者. 原出版物名. 版本（第一版应略去）. 出版地：出版者：页码.

如果是译文，则应在文献名后加上译者姓名。如：

黑姆斯等. 2000. 生物化学. 王镜岩等译. 北京：科学出版社：365.

论文集

作者. 出版年. 文章名. 论文集编者（其前加“//”）. 论文集名. 出版地：出版者：文章的起讫页码.

刊物

作者. 出版年. 文章名. 刊物名称，卷（期，部分）：文章的起讫页码.

报纸

作者. 年　月　日. 文章名. 报纸名称，（版面第次）.

具体示例：

葛家澍. 2007. 关于在财务会计中采用公允价值的探讨. 会计研究，（3）：3-8.

李志文，姚正春，朴军. 2007. 中国股市的ROE代表什么？中国会计评论，5（3）：305-314.

张国清，赵景文. 2008. 资产负债项目可靠性、盈余持续性及其市场反应. 会计研究，（3）：

51-57.

Francis J，Schipper K，Vincent L. 2002. Expanded disclosures and the increased usefulness of earnings announcements. The Accounting Review，77：515-546.

Street D L，Gray S J，Bryant S M. 1999. Acceptance and observance of International Accounting Standards. The International Journal of Accounting，34（1）：11-48.